Matt Skinner

WEIN!
auswählen und genießen

Matt Skinner

WEIN!
auswählen und genießen

CHRISTIAN

Für Carly und Indi

Unser Verlagsprogramm finden Sie unter
www.christian-verlag.de

Übersetzung aus dem Englischen: Dr. Angela Kuhk
Textredaktion und Satz: Dr. Bernhard Abend
Korrektur: Dr. Michael Schenkel
Umschlaggestaltung: Caroline Daphne Georgiadis,
Daphne Design

Copyright © 2010 für die deutschsprachige Ausgabe:
Christian Verlag GmbH, München

Die Originalausgabe mit dem Titel
Heard it Through the Grapevine
wurde erstmals 2008 im Verlag Mitchell Beazley,
einem Imprint der Octopus Publishing Group Ltd.,
Unternehmen von Hachette Livre UK, London,
veröffentlicht.

Copyright © 2008 für den Text: Matt Skinner
Copyright © 2008 für Layout und Design:
Mitchell Beazley Octopus Ltd.

Die Deutsche Nationalbibliothek verzeichnet diese
Publikation in der Deutschen Nationalbibliografie.
Detaillierte bibliografische Daten sind im Internet unter
http:// dnb.d-nb.de abrufbar.

Printed in China by Toppan Printing

ISBN 978-3-88472-979-3

Christian Verlag
Postfach 400209
80702 München
E-Mail: lektorat@verlagshaus.de

Inhalt

Am Anfang war Wein einfach nur Wein

Er war einfach ein Getränk. Die Reben wurden angebaut, die Trauben gelesen, gepresst, vergoren, der Wein abgefüllt und getrunken, fertig. Es gab keine „Weinkultur", in der man sich verlieren konnte, keine schönen Etiketten, die einem den Kopf verdrehten, keine ausgefallene Sprache, die man lernen musste, und keine Tricks, die einem die Auswahl erleichterten. Es gab ja keine Wahl. Es gab nur Wein.

Doch dann geschah etwas. Wein wurde zu einem verkäuflichen – und beliebten – Produkt, es bekam einen Handelswert. Und bestimmte Länder machten bessere Weine als andere. Damit nicht genug: Bestimmte Gebiete in einem Land waren besser als andere. Bestimmte Erzeuger innerhalb eines Gebiets waren besser als andere. Bestimmte Weine von einem Erzeuger waren besser als andere.

So kam man darauf, dass es viele „bestimmte" gibt und genauso viele „andere", und so wurde Wein zu einer recht komplizierten Angelegenheit.

Je mehr ich über Wein lerne, desto klarer wird mir, wie viel ich nicht weiß, auch wenn ich im Lauf der Zeit viel guten Rat, großartige Tipps und wahre Perlen der Weisheit erhalten habe – die praktischen Informationen, die jeder, der seinen Wein noch mehr genießen möchte, gut gebrauchen kann. Davon handelt dieses Buch.

Ohne ein Vermögen auszugeben oder ein jahrelanges Studium gibt es viele Wege, sein Weinwissen zu vergrößern. Dieses Buch möchte Sie zu einer kleinen Anstrengung einladen: Was Sie vom Wein bekommen, ist im großen Ganzen das, was Sie „investieren". Und falls Sie weiterlesen: Ich wünsche Ihnen das Erlebnis, dass Wein ein verblüffendes Getränk ist, das schon durch geringste Bemühungen besser wird.

In dem Sinn: Zum Wohl!

Einkaufen

Los geht's

Bestimmt haben Sie schon einmal zwischen den Weinregalen eines Supermarkts gestanden, den Blick auf Unmengen von Flaschen gerichtet und dennoch unfähig, eine einzige Flasche wahrzunehmen? Sie wollen unbedingt etwas Neues ausprobieren und den Laden auf jeden Fall mit etwas anderem verlassen als der ewig gleichen Flasche, und dann kaufen Sie sie schließlich doch wieder.

In dieser Situation wünscht man sich ein anderes Ich, ein Weinkenner-Ich. Selbstbewusst und bestens informiert geht es durch die Regale, lässt die Sonderangebote links liegen, steuert ein exotisch klingendes Land an, greift eine exotisch anmutende Flasche Wein heraus, der aus einer Rebsorte mit exotisch klingendem Namen gekeltert wurde, überfliegt das Etikett, blickt kurz auf den Preis, lächelt und geht – ganz einfach. Während das wahre Ich zur sicheren Flasche greift – die es schon in der letzten Woche gekauft und die es vermutlich auch in der nächsten Woche kaufen wird –, wünschen Sie sich nichts sehnlicher, als dass es doch ein wenig mehr wie das Weinkenner-Ich sein könnte.

Von diesem Traum-Ich sind Sie vielleicht weniger weit entfernt, als Sie denken. Doch wenn Sie wirklich bessere Tropfen genießen wollen, sollten Sie Ihre Einstellung zum Thema Wein in einigen Punkten ändern, lange bevor Sie einen Korkenzieher in die Hand nehmen.

Auf den nächsten Seiten finden Sie einige Vorschläge, wie Sie Wein effektiver einkaufen können. Ich werde Ihnen zeigen, wie Sie diese Situation besser meistern können, egal ob Sie vor dem Weinregal stehen oder sich durch Listen mit Wein arbeiten. Ich werde erklären, wie man ein Flaschenetikett liest, wie der Preis zustande kommt und wie die heutige Lebensweise auch unsere Art zu trinken verändert hat.

Das eigentliche Ziel dieses Kapitels ist jedoch, Sie als Weintrinker zu einem besseren Weinkäufer zu machen und Ihnen Wissen, Vertrauen und Begeisterung mit auf den Weg zu geben, damit Sie beim Einkauf weniger auf Vermutungen angewiesen sind. Werden Sie ein besserer Weinkäufer, dann werden Sie sich mit großen Schritten dem Weinkenner-Ich nähern.

Wo kauft man Wein?

Der Weintrinker lebt heute in einer Zeit der schier unbegrenzten Möglichkeiten. Unsere Welt ist nicht länger auf einen kleinen Ort begrenzt, und auch beim Kauf von Wein war das Angebot wohl zu keiner Zeit größer.

Da ich professionell Wein einkaufe, kann ich Ihnen aus Erfahrung sagen, dass die zur Verfügung stehenden Einkaufsmöglichkeiten nicht für alle Käufer geeignet sind. Somit ist es gut zu wissen, was einen jeweils erwartet. In diesem Kapitel stelle ich Ihnen die verschiedenen Möglichkeiten genauer vor und gebe nebenbei noch einige Tipps.

Und zuletzt, auch auf die Gefahr hin, Klischees zu verbreiten: Was man in einen Wein investiert, bekommt man auch zurück.

Mit anderen Worten: Wer einen sicheren, verlässlichen Tropfen mit einem guten Preis-Leistungs-Verhältnis sucht und wenig ausgeben möchte – finanziell und überhaupt –, der findet leicht, was er sucht. Wer jedoch Neues entdecken, das Repertoire erweitern und die Chancen vergrößern will, häufiger einen großen Wein zu trinken, der sollte beim Kauf genauso viel Aufwand treiben wie später beim Genuss.

Wein im Supermarkt kaufen

Wer mit Neonröhren und dem Piepen der Kassenscanner kein Problem hat, kann im Supermarkt hervorragend Wein kaufen. Vorausgesetzt, man weiß, was man sucht.

Kauf im Supermarkt: Die Vorteile

- günstige Preise
- übersichtlich gestaltete Weinabteilung für bequemes Einkaufen

OBEN Ein Meer an Wein und keine Hilfe weit und breit. Am besten unterwegs ist man hier gut informiert oder mit einem guten, handlichen Weinführer.

Haben Sie auch schon völlig verloren vor einem schwindelerregenden Weinregal gestanden, hypnotisiert wie ein Kaninchen vom Licht des Autoscheinwerfers und unfähig zu entscheiden, weil das Angebot einfach überwältigend ist? Ein wahrer Albtraum kann das sein. Davon abgesehen bietet der Weinkauf im Supermarkt aber eine Reihe von Vorzügen.

Zuallererst stellen Supermarktketten eine große Marktmacht dar, was sich wiederum in günstigen Preisen für die Kunden niederschlägt. Wenn Sie finanziell keine großen Sprünge machen können und nicht genau wissen, was Sie suchen, sind Sie mit dem Kauf in einem Supermarkt häufig am besten beraten. Die Kehrseite ist, dass der mögliche finanzielle Vorteil mit einem geringeren und weniger interessanten Angebot einhergeht. Wenn ein Wein nicht in großen Mengen erzeugt wurde – genug also, um eine Kette mit ihren Hunderten von Filialen über längere Zeit zu beliefern –, wird sie ihn mit großer Wahrscheinlichkeit nicht ins Sortiment nehmen. Das schließt fast alle Erzeuger aus, bis auf die wirklich großen.

Ein weiterer eindeutiger Nachteil ist die fehlende Beratung beim Einkauf. Nur sehr wenige Supermärkte haben in der Weinabteilung fachkundiges Personal, das hilflosen Kunden beratend zur Seite steht. Wer sich für einen Weinkauf im Supermarkt entscheidet, sollte sich somit zunächst zu Hause informieren. Sammeln Sie, ausgehend von Ihren eigenen Vorlieben, die Weinkolumnen aus Zeitungen und Zeitschriften, suchen Sie Besprechungen im Internet – die für Sie interessant klingen, drucken Sie aus –, und gehen Sie nach Möglichkeit nie ohne einen guten Weinführer einkaufen.

> „Supermarktketten stellen eine große Marktmacht dar, was sich wiederum in günstigen Preisen für die Kunden niederschlägt."

Die Weinabteilung eines Supermarkts ist meist zunächst nach Herkunftsländern sortiert, dann nach den Regionen dieser Länder und schließlich nach der Farbe. Dieses einfache Prinzip soll dem Kunden möglichst bequeme Einkaufsbedingungen bieten, schließlich ist er vermutlich in Zeitnot – die Parkuhr läuft, das Baby schreit, die Kinder müssen abgeholt, das Essen hingezaubert werden – und weiß ungefähr, was er will, wenn auch nicht genau. Wer dieses Prinzip kennt, kann gezielt in den Weinregalen suchen.

Wein bei einer Weinkette kaufen

In meinem ersten Job in der Weinbranche war ich Mitarbeiter bei einer beliebten Weinkette. Ich war in einer der größeren Filialen tätig und musste – als Mädchen für alles – in erster Linie stundenlang Wein- und Bierkartons von einem Ende des Ladens zum anderen befördern.

Kauf bei einer Ladenkette: Die Vorteile

• günstige Preise
• breites Angebot
• fachkundige Beratung
• Verkostungen und Veranstaltungen

RECHTS Freundliches Fachpersonal hilft bei der Auswahl des richtigen Weins. Je mehr Informationen Sie über Ihre Vorlieben und Abneigungen geben können, desto größer sind die Chancen, dass Sie den Laden mit einem hervorragenden Wein verlassen.

Es war eine Knochenarbeit, und ich kam abends erschlagen nach Hause. Aber so hart es auch war, der Job gefiel mir. Zum ersten Mal, seitdem ich per Zufall in der Weinbranche gelandet war, hatte ich die Gelegenheit, in einem Team mit Menschen meines Alters zu arbeiten – von denen die meisten genauso begierig waren, möglichst viel über Wein zu erfahren, wie ich selber. Und als Mitarbeiter hatten wir das große Glück, einen Chef zu haben, dem die gute Ausbildung seines Teams am Herzen lag.

„Der größte Vorteil der Weinketten ist das geschulte Personal."

Abgesehen von der körperlichen Arbeit, den Betrunkenen, den Ladendieben und den Pfennigfuchsern hatten wir auch Gelegenheit, Weingüter zu besuchen, Winzer aus fernen Regionen kennenzulernen, auf Weinmessen auszuhelfen und, vor allem, zahlreiche Weine aus der Heimat und aller Welt zu verkosten. Ich habe diesen Job geliebt, und wer jemals einen Wechsel in die Weinbranche in Betracht ziehen sollte, dem kann ich – als Einstieg in die Welt des Weins – eine Anstellung in der Filiale einer Weinkette nur empfehlen.

Dem Weinkäufer bieten Ketten einige Vorteile. Sie besitzen die Kaufkraft eines Supermarkts, verfügen aber über ein viel breiteres, wenn auch immer noch relativ kommerzielles Angebot. Wie im Supermarkt wird der Wein zumeist nach Herkunft, Farbe und Sorte angeboten.

Die meisten Ketten bieten beim Kauf von zwölf Flaschen oder mehr einen deutlichen Rabatt, liefern frei Haus oder gegen eine geringe Gebühr, besitzen mehrere Filialen in guten Lagen, bieten regelmäßig Verkostungen und andere Veranstaltungen an und tun viel, um Kunden an sich zu binden, etwa mit dem Versand von Informationen zu besonders interessanten und/oder preiswerten Angeboten.

Der größte Vorteil der Weinketten ist jedoch das geschulte Personal: Es sind die Menschen, die den spürbaren Unterschied zum Kauf im Supermarkt ausmachen. Für Käufer, die wissen, was sie wollen, auf den Preis achten müssen und fachlich kompetente Bedienung schätzen, ist die Filiale einer Weinkette die richtige Adresse.

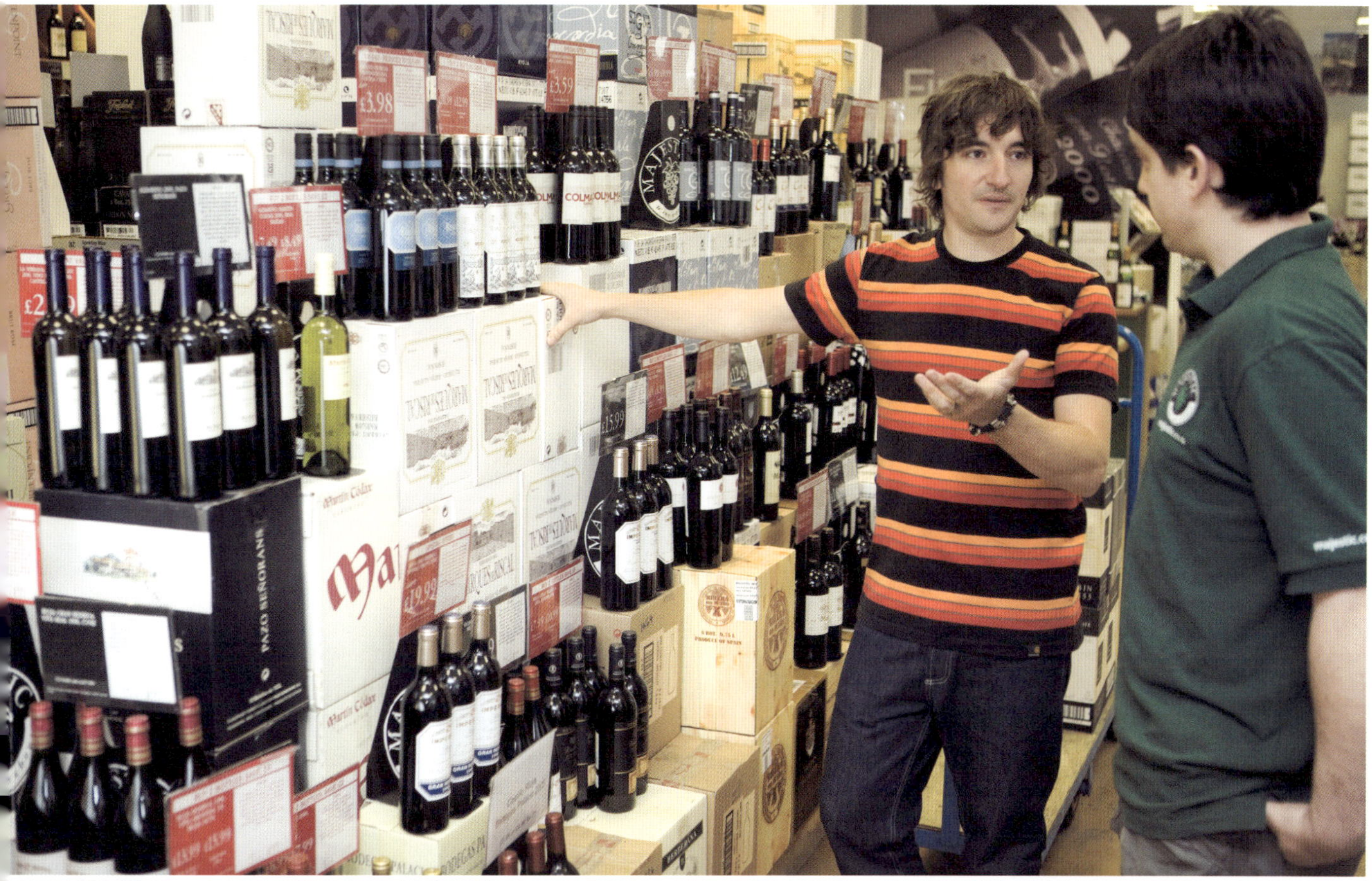
£3.98
£3.59
PAZO SEÑORANS
£19.99
£15.99

Tasting
MERCHANT of the YEAR
MAJESTIC

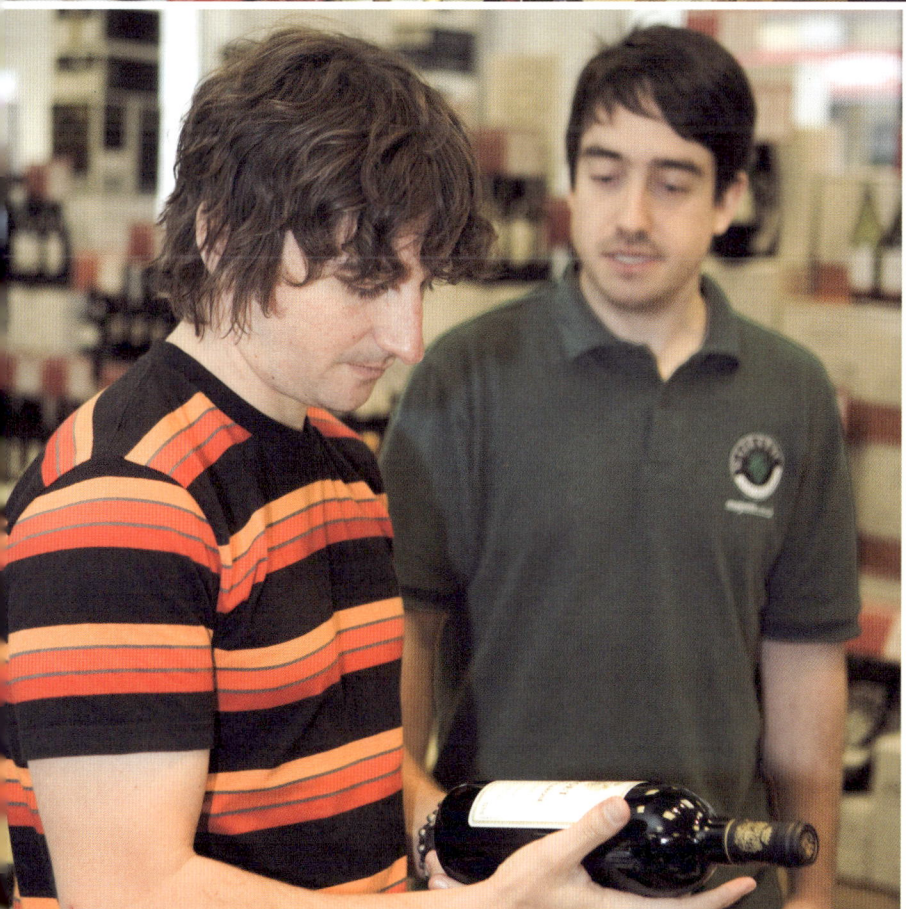

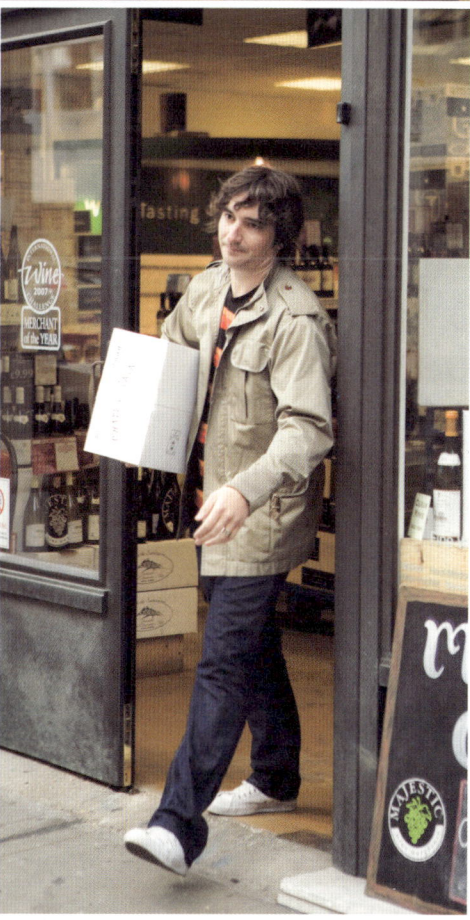

Wein in einer Weinhandlung kaufen

Eine gute Weinhandlung ausfindig zu machen ist der Schlüssel zu einer neuen Dimension, Wein zu genießen.

Kauf in einer Weinhandlung: Die Vorteile

- gut sortiertes Angebot, auch an Weinen abseits des Üblichen
- kompetente Verkäufer – häufig der Inhaber
- Führung einer Kundenkartei, regelmäßige Verkostungen

RECHTS Bleiben Sie am Ball und bauen Sie zu Ihrem Lieblingsweinhändler ein gutes Verhältnis auf. Er kann so Ihre Vorlieben kennenlernen und seine Vorschläge darauf abstimmen.

In jeder unabhängigen Weinhandlung, die etwas auf sich hält, finden sich Menschen, die etwas mehr können als nur hinter dem Tresen stehen. Häufig trifft man an dieser Stelle den Inhaber selbst an.

Das Schlimmste, was einem in einer kleinen Weinhandlung passieren kann, ist dies: Man sucht nach einer besonderen Empfehlung und wird dann lediglich auf die aktuell gängigen Weine verwiesen. Aber glauben Sie mir: Da in unabhängigen Weinhandlungen Wert auf Qualität gelegt wird, sind auch das nicht die schlechtesten.

Das Beste aber, was einem hier passieren kann, ist um einiges angenehmer. Dann trifft man auf ein passioniertes, begeistertes und kompetentes Team. Noch besser ist es, wenn Sie sich mit einem von ihnen anfreunden, mit jemandem, der wirklich weiß, wovon er spricht. So steht dem gesteigerten Weingenuss nichts mehr im Wege.

Neben der individuellen Kundenbetreuung bieten unabhängige Weinhandlungen ein Sortiment, das größeren Anbietern nicht zur Verfügung steht. Es geht hier nicht primär um die Anzahl der vorrätigen Weine, sondern um das Profil des Angebots: Es umfasst sowohl Weine kleiner, unkonventioneller, handwerklich arbeitender Erzeuger als auch in geringen Mengen produzierte erstrangige Klassiker aus Häusern mit einem etablierten hervorragenden Ruf. Und wenn ein Wein nicht vorrätig sein sollte, werden die Mitarbeiter oder der Inhaber alles Erdenkliche unternehmen, um ihn ausfindig zu machen. Die Präsentation der Weine ist von Haus zu Haus verschieden, meist sind sie aber nach Herkunftsländern, Regionen und Erzeugern gruppiert.

Je mehr Informationen Sie dem Händler über Ihre Vorstellungen geben können – Preiskategorie, Rebsorten, Herkunft, Typ, Vorlieben und Abneigungen –, desto größer sind die Chancen, dass er den perfekt passenden Tropfen findet. Von diesem Punkt an lassen Sie sich von ihm führen. Und geben Sie ihm die Freiheit, Ihnen Neues zu zeigen.

Ein weiterer großer Vorteil beim Kauf in einer Weinhandlung ist, dass man meist in eine Kundenkartei aufgenommen werden kann, was ich sehr empfehlen möchte. Das bietet den Vorteil, dass man über regelmäßig stattfindende Veranstaltungen informiert wird, etwa wöchentlich angebotene Verkostungen. Wer sein Weinrepertoire erweitern will, findet hier die perfekte Gelegenheit, Weine vor dem Kauf zu testen. Vom Abgelegenen und Eigenwilligen bis zum absolut Hochkarätigen finden Sie in einer Weinhandlung häufig die beste Kombination von schwer aufzutreibenden Tropfen und kompetenter Beratung.

Wein im Internet kaufen

Lebensmittel, Bücher, Musik, Kleidung, Elektronik: Alles, was das Herz begehrt, kann man heute im Internet bestellen.

Der Weinvertrieb über das Internet steckt noch in den Kinderschuhen; viele haben es versucht, viele blieben erfolglos. Lange Lieferzeiten, versteckte Extrakosten, unsichere Websites, schlechte Verfügbarkeit und Lieferschäden, ganz zu schweigen von dem gelegentlichen Betrüger: Man kann im Internet nicht vorsichtig genug sein.

Zu den Vorteilen des Weinkaufs im Internet zählen jedoch, neben den günstigen Preisen, die Verfügbarkeit von seltenen oder schwer aufzutreibenden Erzeugnissen wie auch der Lieferservice.

Von Nachteil – und hier gibt es einiges zu vermerken – ist, dass die Preise, die im Vergleich mit den Ketten und dem Einzelhandel zunächst attraktiv erscheinen, durch zusätzliche Versandkosten zunichtegemacht werden können. Außerdem droht immer wieder Betrug, und die Lieferzeiten können sehr unterschiedlich ausfallen.

Wer also tatsächlich Wein im Internet kaufen will, sollte dies mit der nötigen Vorsicht tun. Hier einige Tipps.

Kauf im Internet: Die Vorteile

- fantastisches Angebot
- Verfügbarkeit trinkreifer Weine
- Verfügbarkeit klassischer Weine, die nicht mehr in großen Mengen vorhanden sind
- Lieferung nach Hause
- gute Preise

Tipps für einen erfolgreichen Online-Einkauf

1. Kaufen Sie bei einem Onlinehändler mit gesichertem Ruf.
Im Internet tummeln sich dunkle Gestalten, die es nur auf unser Geld abgesehen haben. Es empfiehlt sich, bei einem Onlinehändler mit gutem Ruf einzukaufen. Vorzugsweise bei einem, der eine real existierende Weinhandlung und einen Onlineshop hat. Bewertungen anderer Onlinekunden sind ebenfalls hilfreich.

2. Rufen Sie an, um sicherzustellen, dass die Bestellung eingegangen ist.
So stellen Sie nicht nur sicher, dass die Bestellung mit allen Details eingegangen ist, Sie erfahren auch, ob die Ware vorrätig ist.

3. Prüfen Sie die Versandkosten.
Häufig gibt es noch versteckte Kosten, die bei der Lieferung zu entrichten sind. Die Überprüfung der Versandkosten bietet außerdem die Möglichkeit, sich das Lieferdatum bestätigen zu lassen.

4. Stellen Sie sicher, dass der Auftrag nachzuverfolgen ist.
Lassen Sie sich von Ihrem Onlinehändler die Auftragsnummer geben, so dass Sie den Weg Ihrer Bestellung nachverfolgen können, falls diese verloren gehen oder sich die Lieferung verzögern sollte. Häufig kann der Weg online verfolgt werden.

Wein bei einer Versteigerung kaufen

Bei Auktionen treffen Extreme aufeinander.

Einerseits werden hier einige der seltensten, exklusivsten Sammlerstücke der Welt angeboten, andererseits bieten Auktionen – für uns Normalsterbliche – die Möglichkeit, trinkreife Schnäppchen zu ergattern: Weine für den Alltag, die nicht mehr im Handel sind und gleich genossen werden können.

Während manche Sammlerobjekte absolut astronomische Preise erzielen, werden viele Weine 20 bis 30 % unter dem handelsüblichen Preis angeboten. Hier sollte ich hinzufügen, dass Auktionshäuser keine „normalen" Weinhändler sind, sondern Wein aufgrund bestimmter Umstände nur weiterverkaufen. Meist haben wir Todesfällen, Schulden und Scheidungen den Verkauf zu verdanken.

Der Kauf bei Versteigerungen hat große Vorteile. Man kann trinkreife Weine erwerben, die – von wenigen Ausnahmen abgesehen – sachgemäß gelagert und gepflegt wurden. Außerdem bieten sie die Chance, in den Besitz klassischer Weine zu gelangen, die nicht mehr im allgemeinen Handel sind. Und nicht unbedeutend ist, dass die Sammlerstücke am oberen Ende des Spektrums jährlich einen Wertzuwachs von 5 bis 7 % verzeichnen; viele Weine verdoppeln ihren Wert in einem Jahrzehnt. Gute Anlagemöglichkeiten also.

Der einzige Nachteil bei Versteigerungen ist, dass man Einzellose (Einzelflaschen) nicht begutachten kann, bevor sie unter den Hammer kommen. Doch das ist kein Grund zur Unruhe: Fast alle Auktionshäuser prüfen vor der Versteigerung alle zum Verkauf stehenden Weine streng und eingehend und schätzen sie nach Erzeuger, Typ, Rebsorte, Jahrgang, Seltenheit und Zustand ein.

Wein ersteigern: Die Vorteile

- Verfügbarkeit trinkreifer Weine
- Verfügbarkeit klassischer Weine, die nicht mehr im allgemeinen Angebot sind
- gute Anlagemöglichkeiten

OBEN Wein ersteigern kann viel Spaß machen und sich sehr lohnen. Nützen Sie die hoch qualifizierten Sachverständigen des Hauses und die Verkostungen vor der Versteigerung, um Ihr Wissen zu erweitern.

Tipps für das erfolgreiche Ersteigern von Wein

1. Nehmen Sie zunächst mit einem renommierten Auktionshaus Kontakt auf.

2. Prüfen Sie, welche Auktionen bevorstehen.
Fordern Sie eine Liste mit den Auktionsobjekten an, sodass Sie planen können.

3. Verabreden Sie sich mit einem Sachverständigen des Hauses.
Viele Auktionshäuser haben eigene Sachverständige, die potenzielle Käufer gern beraten, ungeachtet ihrer Kenntnisse, und ihnen bei der langfristigen Anlage eines Weinkellers behilflich sind.

4. Stellen Sie viele Fragen.
Sagen Sie dem Sachverständigen so genau wie möglich, welche Art von Wein Sie mögen und suchen.

5. Holen Sie Informationen ein.
Fordern Sie eine Aufstellung der letzten Auktionsergebnisse an. Prüfen Sie, was versteigert wurde und zu welchem Preis.

6. Nehmen Sie an der Verkostung vor der Versteigerung teil.
Zwar wird dafür meist eine Gebühr verlangt, doch bieten diese Veranstaltungen eine hervorragende Gelegenheit, einmal großartige alte Weine zu verkosten, und Sie können die Weine vor dem Kauf testen. Auch hier kann man mit den Sachverständigen des Hauses über Vorlieben und Abneigungen sprechen.

7. Nehmen Sie an der gesamten Veranstaltung teil.
Häufig kann man morgens die besten Käufe tätigen, wenn sich die Mitbieter noch an die Umgebung gewöhnen, oder gegen Ende des Tages, wenn die exklusiven Lose den Besitzer gewechselt haben und die Konkurrenz schwindet.

8. Wenn Sie nicht persönlich an der Versteigerung teilnehmen können, bieten Sie per Telefon, Fax oder Internet mit.

9. Setzen Sie sich eine Obergrenze und halten Sie sich daran.

Wein im Restaurant

Wer normalerweise im Restaurant den zweit-billigsten Wein bestellt (und das sind bestimmt mehr als nur eine Handvoll) – im Glauben, das sei die sicherste Wahl mit dem besten Preis-Leistungs-Verhältnis –, sollte jetzt einmal darüber nachdenken.

Tipps für die Wein-bestellung im Restaurant

- Fragen Sie den Sommelier.
- Sagen Sie ihm möglichst genau, was Sie sich vorstellen.
- Wählen Sie einen Wein aus, der zum Essen passt.
- Ziehen Sie auch Weine in Betracht, die glasweise oder in halben Flaschen angeboten werden.
- Legen Sie fest, wie viel Sie ausgeben wollen.

RECHTS Anstatt sich von der Weinkarte abschrecken zu lassen, kann man die Situation auch umkehren. Überlegen Sie, wie viel Sie ausgeben wollen, und fragen Sie sich, ob Sie das perfekte Zusammenspiel von Essen und Wein oder nur einen angenehmen Begleiter zum Essen suchen. Den Rest überlassen Sie dem Sommelier.

Wir wissen alle, dass die Weinbestellung im Restaurant nicht ganz einfach ist, ja sogar nervös machen kann, und dass eine Weinkarte mit zu vielen Unbekannten den schönsten Abend verderben kann. Wenn dann auch noch auf die klassische Art von allen Seiten hofiert und bedient wird, ist für die meisten unter uns die Restauranthölle schon perfekt. Aber denken Sie nach. Jeder gewiefte Weineinkäufer kennt den Trick mit der zweitbilligsten Flasche, und deswegen kalkulieren wenig skrupulöse Einkäufer den zweitbilligsten Wein so, dass er zur lukrativsten Nummer auf der Karte wird. Versprechen Sie mir bitte eines: Das nie wieder zu tun. Ich wünsche mir, dass Sie von jetzt an in der Auswahl eines Weins anders vorgehen. Nämlich so:

Fragen Sie den Sommelier
Glücklicherweise sind die Tage des klassischen hochnäsigen Weinkellners gezählt. Wenn ein Restaurant heute schon einen Sommelier oder Weinkellner angestellt hat, sollte man ihn oder sie auch in Anspruch nehmen.

Werden Sie sich über Ihre Vorlieben klar
Je präziser der Sommelier erfährt, welche Weine man mag und welche nicht, desto leichter kann er/sie Empfehlungen für einen wirklich passenden Tropfen aussprechen. Paul, ein hervorragender Sommelier und einer meiner besten Freunde, vergleicht den Kauf von Wein mit einem Gang zum

Friseur. Wer seine Wünsche nicht genau äußern kann und dann enttäuscht ist, hat die Schuld nur bei sich selbst zu suchen. Wie wahr – ich weiß das nur allzu gut.

Stimmen Sie den Wein auf das Essen ab
Wählen Sie zunächst Ihr Menü, dann suchen Sie den dazu passenden Wein aus. Dabei entscheiden Sie auch, ob es Ihnen um das „Gesamtkunstwerk" von Essen und Wein geht oder ob Sie nur einen netten Tropfen als angenehmen Begleiter zum Essen brauchen.

Halbe Flaschen und offener Wein
Man sollte sie durchaus in Betracht ziehen, da man so etwas Abwechslung in die Getränkeauswahl bringen kann, ohne mehrere ganze Flaschen bestellen zu müssen. Offener Wein sollte jedoch immer frisch sein, schließlich bestellt man ihn in der berechtigten Annahme, dass er in hervorragendem Zustand ist. Wer Zweifel hat, bittet den Sommelier, dies zu überprüfen.

Behalten Sie Ihr Budget im Auge
Nennen Sie dem Sommelier Ihre Preis-vorstellung. Das erlaubt ihm, den besten Wein in der jeweiligen Preiskategorie auszuwählen. Häufig stammen Weine mit dem besten Preis-Leistungs-Verhältnis von weniger bekannten Rebsorten und aus weniger bekannten Gegenden: Probieren Sie etwas Neues aus.

Wein beim Winzer kaufen

Ich bin in der Stadt aufgewachsen, und meine Vorstellungen davon, was es jenseits des Steinmeers geben könnte, waren immer begrenzt.

Einkauf beim Winzer: Die Vorteile

- die Gelegenheit, den Wein zu verkosten, manchmal mit dem Erzeuger selbst
- Unterstützung des Erzeugers
- guter Gegenwert

RECHTS Einmal selbst zu erleben, wie Wein erzeugt wird, trägt mehr als alles andere dazu bei, größeres Weinverständnis und Weinwissen zu entwickeln – fahren Sie hinaus und lassen Sie sich inspirieren.

Als ich meine Karriere im Weinhandel begann, war die Aussicht, eines Tages auch Weingüter zu besuchen, für mich nicht relevant. Ich arbeitete in einem Geschäft, das Weinflaschen verkaufte. Ich wusste, dass sie irgendwoher kamen – woher genau, das interessierte mich nicht wirklich. Dann erhielt ich die Einladung, das Weingut eines kleinen Erzeugers nordöstlich von Melbourne in Australien zu besuchen. Das erste Weingut meines Lebens. Ich erinnere mich, wie ich am Tag vor dem Besuch überlegte, was ich wohl zu sehen bekäme. Zunächst stellte ich mir eine große graue Fabrik vor, komplett mit rauchenden Schloten, Stacheldraht, Überwachungskameras und einem großen Parkplatz. Drinnen wären wohl viele Menschen in weißen Kitteln und Schutzkleidung zugange, und abgesehen von dem Gebrumm der Maschinen wäre wohl alles ziemlich ruhig und krankenhausähnlich. Bestimmt gäbe es viel Edelstahl, und wir Besucher aus der Stadt würden bei der Führung sicher mit Schutzhelmen ausgerüstet. Ich gebe zu, mein Bild war vielleicht etwas extrem, aber Sie verstehen, was ich meine, oder?

Wenn Sie es nicht längst schon getan haben, dann besuchen Sie bitte einmal (oder immer wieder) ein Weingut. Sie werden hoffentlich feststellen, dass Weingüter landwirtschaftliche Betriebe sind – Betriebe, die vollständig den Elementen der Natur ausgesetzt sind – und dass der Anbau von Weinreben, die Erzeugung von Trauben in Spitzenqualität, deutlich mehr Einsatz erfordert, als Sie es sich bis dahin

vorgestellt haben mögen. Auch wird hier klar, wie durchdacht die Prozesse des Weinbaus und der Weinerzeugung sind, trotz der Herausforderungen der Natur.

„Beim Direktkauf spart man auch Geld."

Je nachdem, in welchen Weinbauregionen man unterwegs ist, wird man feststellen, dass nur äußerst wenige Betriebe so aussehen, wie ich es mir damals gedacht habe. Vor allem wünsche ich Ihnen die Erfahrung, dass die Verkostung von Wein in Gegenwart des Erzeugers – am Ort der Produktion, unmittelbar neben dem Platz, an dem die Trauben gedeihen – ein einzigartiges, nicht wiederholbares Erlebnis ist. Meiner Erfahrung nach schmeckt Wein nur selten besser als an dem Ort, an dem er erzeugt wurde.

Der Kauf beim Winzer bietet mehrere Vorzüge. Neben der Tatsache, dass Sie den Erzeuger direkt unterstützen – in vielen Fällen dieselbe Person, die die Reben zieht und den Wein macht –, spart man beim Direktkauf auch Geld. Man spart unter Umständen weitere Abgaben und Versandkosten, falls man das Glück hat, eine Tagesreise von ein oder zwei guten Winzern entfernt zu wohnen – auch wenn es eine Tankfüllung und ein gutes Essen kostet. Der Kauf beim Winzer garantiert auch, dass der Wein optimal gelagert wurde. Außerdem macht es Spaß, und man lernt in ein paar Stunden viel mehr über Wein als je zuvor.

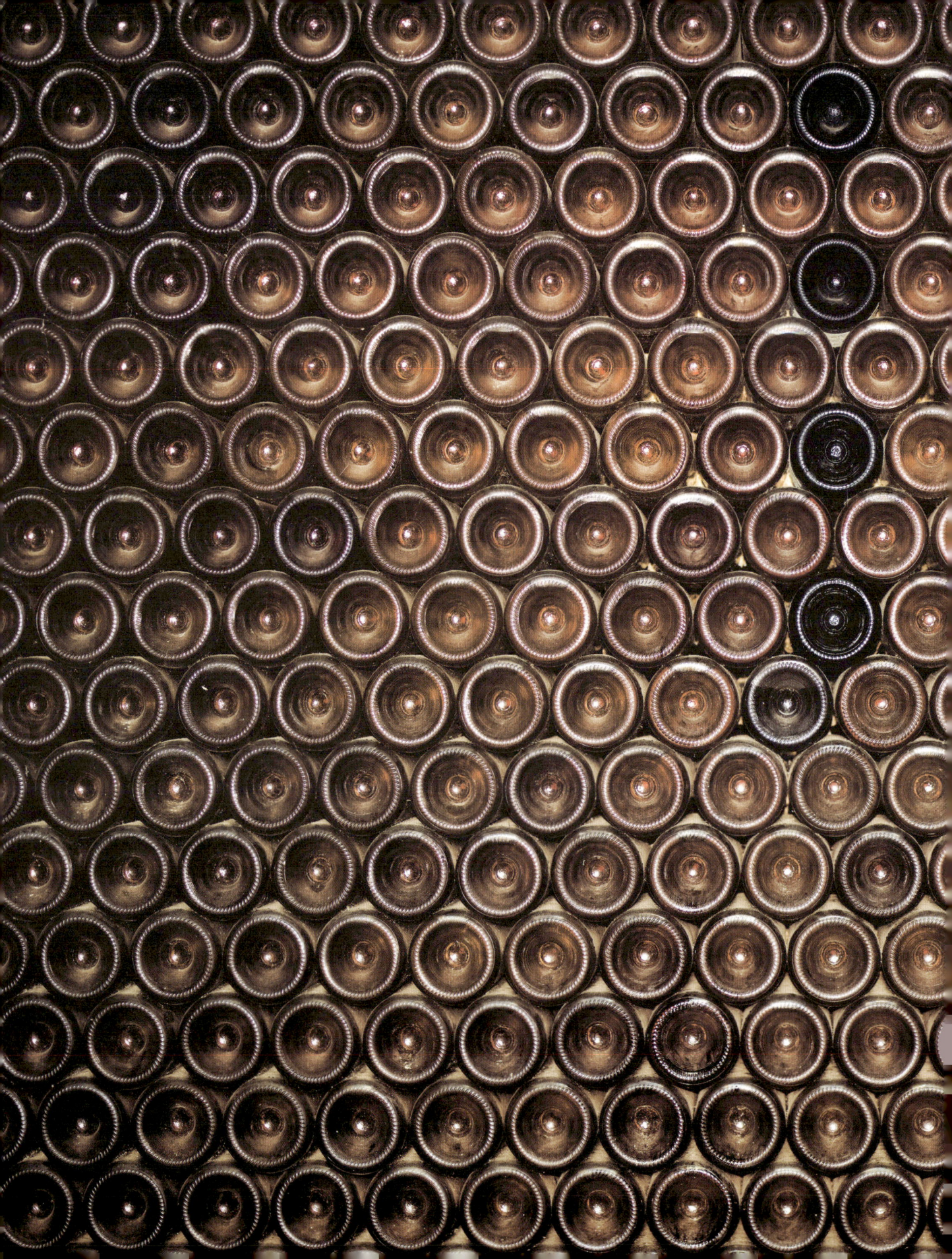

Die Flasche: Dichtung und Wahrheit

Zusammen mit dem Gerücht, der Gothic Rocker Marilyn Manson habe in der US-TV-Serie *The Wonder Years* den liebenswerten Streber Paul Pfeiffer gespielt, zählt auch die Story um den KISS-Bassisten Gene Simmons zu meinen Lieblingsgroßstadtlegenden. Angeblich hatte sich Simmons, um seine Erscheinung noch dämonischer wirken zu lassen, eine Rinderzunge auf seiner Zunge anbringen lassen. Lächerlich. Erzählte man das einem Kieferchirurgen, einem Metzger oder auch dem Mann selbst, würden sie es vermutlich als Spinnerei eines gelangweilten Zehnjährigen abtun.

Auch wenn nicht annähernd so schauerlich, kursieren auch in der Weinwelt endlose Legenden, insbesondere wenn es darum geht, woran man eine gute Flasche Wein erkennt. Ich glaube, ich habe sie alle schon gehört: am höheren Alkoholgehalt, an der schweren Flasche, am dunkleren Glas, am dekorativen Etikett, ja an der Tiefe der Wölbung im Flaschenboden — alles soll einen Hinweis auf einen besonders guten Tropfen geben.

Ach, wäre es doch nur so einfach! Obwohl, wenn ein Viertel der Menschen die Auswahl nach dem Etikett vornimmt und nahezu ein Drittel sich nach dem Alkoholgehalt richtet, dann ist wohl die Wahrheit gelegentlich noch erstaunlicher als die Dichtung.

Tatsache ist, dass die Qualität eines Weins von zahlreichen Faktoren bestimmt wird. Und während das Land, die Region, die Rebsorte und der Jahrgang alle eine wesentliche Rolle spielen, ist kein Detail von so großer Bedeutung wie der Ruf des Erzeugers.

Beginnen wir mit der richtigen Lektüre des Etiketts: Hier einige Punkte, die man beachten sollte.

Wie man ein Etikett liest

Ein Weinetikett ist so etwas wie ein Personalausweis. Es sagt, wie der Wein heißt, von wem und woraus er gemacht wird, woher und aus welchem Jahr er stammt.

Die Information aus einem Weinetikett herauszufiltern kann mitunter kniffliger sein als einen Rubik's Cube wieder in Ordnung zu bringen. Doch enthält das Etikett einige wichtige Angaben, anhand deren beurteilt werden kann, was sich in der Flasche befindet. Unten nenne ich, in der Reihenfolge ihrer Bedeutung, einige wesentliche Punkte, deren Beachtung sich bei der Auswahl der nächsten Flasche Wein auszahlt.

Erzeuger
Das ist die wichtigste Information auf dem Etikett, aus welcher Ecke der Welt der Wein auch immer kommt. Der Ruf des Erzeugers sagt alles. Wenn man die besseren Erzeuger kennt, hat man den Schlüssel dazu, nicht nur einen guten, sondern einen großen Wein zu bekommen.

Rebsorte
Hier kommt es sehr darauf an, woher der Wein stammt. Kommt die Flasche aus der Neuen Welt – Australien, Neuseeland, Südafrika, Argentinien, Chile, Uruguay und USA –, dann ist er meist nach der Rebsorte benannt, also kann man sofort zum nächsten Schritt übergehen. Stammt er jedoch aus der Alten Welt – damit ist Europa gemeint –, dann ist er vermutlich nach der Region oder dem Ort benannt, in der/an dem er erzeugt wurde. Dieses System setzt voraus, dass man bereits weiß, welche Traubensorten in welcher Region angebaut werden dürfen. Eine ziemlich überzogene Annahme, wenn man bedenkt, was die meisten von uns tatsächlich über Wein wissen.

Anbaugebiet und Lage
Einige Rebsorten eignen sich besser für den Anbau in bestimmten Regionen als andere, und innerhalb dieser Gegenden gibt es bestimmte Flächen (bekannt als „Lagen"), die die besten Ergebnisse liefern. Es kann das Klima sein, der Boden, die Höhe über dem Meer oder auch eine Mischung aus allen drei – wenn man mit der Welt des Weins vertrauter wird, wird sich das Wissen, wie bestimmte Gegenden und darüber hinaus bestimmte Lagen das Gedeihen der jeweiligen Sorten beeinflussen, mit Sicherheit darauf auswirken, wie man Wein kauft und für welchen Wein man sich entscheidet.

....

Erläuterung

❶ Erzeuger

❷ Rebsorte

❸ Anbaugebiet und Lage

❹ Jahrgang

❺ Alkoholgehalt

....

Jahrgang

Das Jahr, das auf dem Etikett genannt wird, ist das Jahr, in dem die Trauben gelesen wurden. Es wird als „Jahrgang" bezeichnet. Man sollte dabei nie vergessen, dass kein einziges Jahr wie das andere ist, auch nicht an ein und demselben Ort. Das ist das Schöne an der Natur: Was immer man versucht, die Elemente lassen sich nicht steuern.

Deshalb sind manche Jahrgänge besser als andere. Um herauszufinden, welches die besseren Jahre sind, muss man ein wenig lesen, in einen guten Weinführer investieren oder einen Fachmann zurate ziehen.

> „Mit einem hübschen Etikett verkauft sich ein gewöhnlicher Wein oft hervorragend, und das Rückenetikett verrät nie, wie ‚gut' ein Wein ist."

Alkoholgehalt

Der Alkoholgehalt wird in Volumenprozent gemessen und vorn oder hinten auf dem Etikett angegeben. Die Angabe des Alkoholgehalts ist gesetzlich vorgeschrieben, man sollte jedoch nicht vergessen, dass der Alkoholgehalt über die Qualität des Weins nichts aussagt. Es gibt keinen Mindestgehalt an Alkohol, damit ein Wein als solcher bezeichnet werden darf. Bei 16 % erreichen wir dann die Welt der Dessert- und Likörweine.

Zusätze

Fast alle Weine enthalten Stoffe, die ihnen in verschiedenen Produktionsphasen zugesetzt wurden, doch müssen sie nur in wenigen Ländern auf dem Etikett genannt werden. Zu den gängigsten Zusatzstoffen zählen Konservierungsmittel wie Schwefeldioxid – ein Antioxidans, das häufig als 221 oder 225 vermerkt wird –, während weitere Zusatzstoffe, etwa Schönungsmittel (die den Wein vor der Abfüllung von Trubstoffen befreien), die zum Beispiel aus Hühnereiweiß hergestellt werden, manchmal nur an dem Hinweis zu erkennen sind (meist auf der Rückseite der Flasche): „Dieser Wein ist für Vegetarier/Veganer nicht geeignet."

Seien Sie auf der Hut

Wer sich nicht sonderlich gut mit Wein auskennt, lässt sich leicht von ästhetischen Kriterien leiten. Mit einem hübschen Etikett verkauft sich ein gewöhnlicher Wein oft hervorragend, und das Rückenetikett verrät nie, wie „gut" ein Wein ist. Während ein elegantes Etikett nicht zwingend einen schlechten oder gewöhnlichen Wein kaschiert, sollte es aber auch nicht umgekehrt als automatischer Qualitätshinweis betrachtet werden. Ein Etikett ist nur dies – ein Etikett.

Auch der Hinweis auf eine Auszeichnung in einem Wettbewerb ist eine hervorragende Möglichkeit, einen durchschnittlichen Wein aus der Masse hervorzuheben. Einige Medaillen und Titel bieten – aufgrund der Kriterien, die die Weine erfüllen mussten – eine Qualitätsgarantie, andere nicht, und man darf nicht vergessen, dass nicht alle Wettbewerbe den gleichen guten Ruf genießen. Aus diesem Grund lohnt es sich auch hier, seine Hausaufgaben zu machen und sich darüber zu informieren, welche Wettbewerbe die Aufmerksamkeit lohnen.

Warum sind manche Flaschen größer als andere?

Die Größe einer Flasche sagt nichts über die Qualität des Inhalts aus. Doch hat sie sehr wohl Einfluss darauf, wie sich der Wein im Lauf der Zeit entwickelt.

Es lässt sich alles auf die Frage von Flüssigkeit und Sauerstoff reduzieren. Größere Flaschen enthalten eine größere Menge Flüssigkeit, dafür aber weniger Sauerstoff als die Normalflasche von 750 ml. Was bedeutet dies?

Wein ist eine lebende, atmende Flüssigkeit, die wir zumeist irgendwo auf ihrem Weg vom Traubensaft zum Essig zu uns nehmen. Der Kontakt mit Sauerstoff hilft, diese Reise zu beschleunigen. Größere Flaschen bedeuten somit meist eine langsamere, verzögerte Alterung, während kleinere Flaschen (mit einem größeren Gehalt an Sauerstoff im Vergleich zum Wein) sich deutlich schneller entwickeln – ideal für Ungeduldige!

Die Form der Flasche

Es gibt im Wesentlichen drei Flaschenformen: Bordeaux (mit hoher Schulter), Champagner und Burgunder (mit abfallender Schulter) und Deutschland (hoch und schlank). Meist wird Wein aus Traubensorten, die für diese Anbaugebiete typisch sind, in den entsprechenden Flaschen abgefüllt, egal wo er herstammt. Die größeren Flaschen enthalten unterschiedliche Mengen, und es gibt regional unterschiedliche Bezeichnungen für die Flaschengrößen. Unten werden – mit Champagner- und Burgunderflaschen – die üblichen Größen dargestellt.

UNTEN Die Größe und Form einer Flasche ist wichtig für die Reifung. Wenn es um die Mengenangabe geht, sind die Bezeichnungen mitunter etwas verwirrend. Die meisten Namen wurden aus der Bibel entlehnt und haben keine weitere Bedeutung.

Halbe Flasche (375 ml)

Flasche (750 ml) Standardflasche

2 Flaschen (1,5 l): Magnum

4 Flaschen (3 l): Jeroboam

6 Flaschen (4,5 l): Rehoboam

8 Flaschen (6 l): Methusalem

12 Flaschen (9 l): Salmanasar

16 Flaschen (12 l): Balthasar

20 Flaschen (15 l): Nebukadnezar

Eine Welt ohne Korken?

Wann haben Sie das letzte Mal eine Flasche mit einem Korken aufgemacht? Ich meine nicht eines dieser gruseligen Kunststoffimitate: nein, ich meine den echten, den einzig wahren, den Naturkorken.

Warum manche Weine nach Kork schmecken

• Durch die stetig steigende Beliebtheit des Weins und den entsprechenden Druck auf die Korkindustrie ließ die Qualität der Korken einige Zeit zu wünschen übrig. Vor allem ist die Rinde der Korkeiche für einen natürlich vorkommenden Schimmelpilz anfällig, der zur Entstehung einer chemischen Substanz namens 2,4,6-Trichloranisol (kurz TCA) führt und den Korken verderben kann. Man schätzt, dass gegenwärtig in 5 bis 7 % aller Flaschen mit einem herkömmlichen Korken TCA nachgewiesen werden kann.

• Gemeint sind hier nicht Korkbrösel, die im Wein treiben – die werden von einem schlechten Korkenzieher verursacht –, TCA äußert sich vielmehr durch einen muffig-modrigen Geschmack, der an nasse Pappe erinnert.

• Ein Korkfehler ist für uns nicht schädlich, doch nimmt er dem Wein sein schönes Aroma und seinen Geschmack. Man sagt, der Wein „korkt" oder „hat einen Korken".

• Im schlimmsten Fall fällt ein Korkfehler auf wie ein rosa T-Shirt bei einem Heavy-Metal-Konzert. Der wahre Albtraum aller Winzer ist TCA jedoch, wenn der Wein nur leicht fehlerhaft und der „Korken" kaum als solcher erkennbar ist und selbst Menschen, die mit Wein arbeiten, ihn nur schwer ausmachen können.

Wahrscheinlich ist es schon einige Zeit her. Heutzutage gibt es Gummistopfen, Glasstopfen, Alu-Schraubverschlüsse, Kronkorken und diese schrecklichen Kunststoffimitate. Aber wo sind die richtigen Weinkorken geblieben?

Korken besitzen von Natur aus Elastizität und eine hohe Dichte, sie sind stabil und halbdurchlässig, gleichzeitig schließen sie die Flasche fast vollständig dicht ab. In den vergangenen 150 Jahren galt der Naturkorken in der Weinindustrie als der bevorzugte Verschluss. Und das aus gutem Grund.

Während der Wein reift, erlaubt der Naturkorken eine langsame, konstante Sauerstoffzufuhr in die Flasche, was bei manchen (nicht bei allen) Weinen einen erstaunlichen Effekt hat. Dass der Naturkorken aus erneuerbarem Rohstoff hergestellt wird und wiederverwertet werden kann, lässt ihn nahezu perfekt erscheinen, aber eben nur nahezu …

Die größte Befürchtung ist, dass man eine Flasche kauft, sie öffnet und der Wein einen leichten Korkgeschmack hat (siehe Kasten links), man diesen aber nicht als solchen identifiziert, sondern den Wein trinkt, ihn nicht sonderlich mag und folglich beschließt, ihn nicht wieder zu kaufen. Das ist die wirkliche Angst der Winzer. Und so haben viele Weinerzeuger, um dieses Problem zu umgehen, begonnen, nach Alternativen zum Naturkorken zu suchen.

Betrachten wir unsere bunte Mischung an Ausgangsmaterialien. Man kann wohl sagen, dass die Weinindustrie den Naturkorken und auch die Suche nach guten Alternativen noch nicht vollständig aufgegeben hat. Informieren Sie sich ein wenig und entscheiden Sie dann selbst, welchen Verschluss Sie bevorzugen, aber versprechen Sie mir, sich nicht von ästhetischen Kriterien, vorgefassten Meinungen und veralteten Traditionen beeinflussen zu lassen.

Im Jahr 2006 waren bei dem britischen Wettbewerb International Wine Challenge von 13 377 getesteten Weinen 7,2 % fehlerhaft – das ist jede 14. Flasche. Knapp die Hälfte der fehlerhaften Flaschen hatte Fehler, die auf den Verschluss zurückzuführen waren, etwa 28 % wiesen Korkgeschmack auf, Oxidation aufgrund schlechter Verschlüsse trat bei nahezu 17 % auf, 5 % hatten fehlerhafte Schraubverschlüsse.

RECHTS Naturkork ist weiterhin der bevorzugte Weinverschluss, auch bei der Mehrzahl der Verbraucher. Alternative Verschlüsse werden immer noch als billiger, minderwertiger Ersatz missverstanden.

1 2 3 4 5 6

Alternativen zum Naturkorken

Schraubverschlüsse, Kronkorken, Kunststoffkorken, Glasstopfen – das wachsende Problem des Korkgeschmacks hat eine ganze Reihe an Alternativen entstehen lassen.

Bis jetzt haben sich Schraubverschlüsse als die erfolgreichste Alternative zu Naturkorken erwiesen, auch wenn sich Glasstopfen und auf Kork basierende Verschlüsse wie DIAM-Korken schon früh als aussichtsreiche Wettbewerber gezeigt haben. Hier die wichtigsten aktuellen Alternativen und die Punkte, in denen sie sich voneinander unterscheiden.

Presskorken

Diese bestehen aus zahlreichen Korkstückchen (unterschiedlicher Qualität), die mit Leim in Korkenform gepresst werden. Häufig sind sie kleiner als Naturkorken, weil auf diese Weise eine größere Menge produziert werden kann.
Aufgrund der zahlreichen Hersteller kommen Presskorken in den unterschiedlichsten Qualitäten auf den Markt. Leider hat die Tatsache, dass diese Verschlüsse nach wie vor aus – häufig minderwertigem – Kork hergestellt werden, zur Folge, dass Korkgeschmack unvermindert auftritt.

....

Erläuterung   <<

1 Presskork mit Naturkorkschicht

2 Schraubverschluss

3 DIAM-Korken

4 Kunststoffkorken, einfache Qualität

5 Kunststoffkorken, hochwertig

6 Glasstopfen (Vino-Seal)

....

Kunststoffverschlüsse

Verschlüsse aus Kunststoff werden in der Weinbranche von vielen Seiten negativ beurteilt, da sie nicht nur schwer aus der Flasche zu ziehen sind, sondern die geöffnete Flasche auch schwer wieder zu verschließen ist. Ein weiteres wichtiges Problem ist, dass Kunststoffverschlüsse nicht die Elastizität von Naturkorken besitzen. Somit kann es bei Flaschen mit irgendwelchen Unvollkommenheiten zu unkontrollierter Oxidation kommen, d. h., der Wein kommt mit Sauerstoff in Kontakt. Kunststoffkorken sollen auch einen „Plastikfehler" verursachen können.

Kronkorken

Der für Bier weltweit als Verschluss erster Wahl verwendete Kronkorken wird seit Langem auch in der Produktion von Schaumwein und Champagner genutzt. Bevor der Champagner zu uns gelangt, wird der Kronkorken entfernt und durch einen Korken ersetzt. Die aus wiederverwertetem Aluminium und einer Silikonschicht bestehenden Verschlüsse verhindern einen Befall durch TCA und eine mögliche Oxidation, können jedoch nicht zum erneuten Verschließen der Flasche genutzt werden.

Glasstopfen (Vino-Seal™)

Der 2003 entwickelte Vino-Seal ist ein Glasstopfen mit Silikonring. Erste Erfahrungen zeigen, dass er genau wie der Schraubverschluss den Befall durch TCA und unerwünschte Oxidation verhindert. Für alle, denen es nach wie vor schwerfällt, Schraubverschlüsse zu akzeptieren, bildet der Glasverschluss eine gute Alternative. Offene Flaschen lassen sich leicht wieder verschließen. Tatsächlich sind die hohen Herstellungskosten zur Zeit der einzige Nachteil, im Augenblick sind sie doppelt so hoch wie bei Schraubverschlüssen.

Schraubverschluss

Die aus Aluminiumblech gemachten Verschlüsse besitzen eine Silikoneinlage, die eine luftdichte Versiegelung zwischen dem Verschluss und der Flasche bildet. Sie bewähren sich hervorragend in der Vermeidung von TCA und unerwünschter Oxidation, helfen die Aromen frisch zu erhalten und verlangsamen die Alterung bzw. Reifung des Weins. Die Herstellungskosten eines Schraubverschlusses sind ähnlich hoch wie bei einem hochwertigen Korken. Als Nachteil bleibt jedoch das anhaltend schlechte Renommee dieses Verschlusses, der vor Jahrzehnten lediglich bei Weinen von mittelmäßiger Qualität verwendet wurde (siehe auch Seite 43).

DIAM

Dieser Hightech-Verschluss auf Korkbasis besteht aus einem Korkgranulat, das mit dem DIAMANT-Verfahren behandelt wurde – der Extraktion nicht erwünschter chemischer Verbindungen durch CO_2, die auch beim Entkoffeinieren von Kaffee verwendet wird. Das Verfahren entfernt nicht nur TCA sehr effektiv, sondern auch über 150 weitere negative Bestandteile. Die ersten Forschungsergebnisse sind äußerst positiv, und zahlreiche der besten Erzeuger der Welt zeigen Interesse; einige verwenden bereits DIAM-Korken.

Warum Ihr Lieblingswein jetzt einen Schraubverschluss hat

Erinnern Sie sich noch daran, wie Sie als Kind mit dem Fahrrad losfuhren und die Eltern hinterherliefen und darauf bestanden, dass Sie den Helm aufsetzen?

Genau genommen wäre das auch nicht verkehrt gewesen, bis auf die Tatsache, dass der Helm doppelt so groß war wie mein Kopf und außerdem von einem grellen Orange – bestimmt ein großartiger Lebensretter, aber für das Ansehen eines 13-Jährigen bei seinen Kumpels absolut unmöglich …

Wie auch immer … Es ist Ihnen wahrscheinlich nicht entgangen, dass Schraubverschlüsse jetzt der große Renner sind. Und genau wie mein Leuchtfarbenhelm sehen sie nicht sonderlich gut aus. Aber es gibt sie aus einigen guten Gründen, die Sie kennen sollten.

Schätzungen zufolge tritt bei etwa 5 % aller Weinflaschen mit einem Naturkorken Korkgeschmack auf (siehe Seite 38). Das weitere größere Problem ist die unerwünschte Oxidation und das unkontrollierte und vorzeitige Altern des Weins aufgrund des andauernden Kontakts mit Sauerstoff. Dieses Problem ist viel schwerer zu bemessen als Korkgeschmack. Welche Lösungen gibt es also?

Die Weinmacher müssen dieses Problem unbedingt lösen und haben nahezu jede Alternative zu Naturkork getestet. Dann erschienen die Schraubverschlüsse auf der Bildfläche. Romantisch sind sie nicht, aber sie garantieren, dass der Wein in 99,9 % der Fälle so schmeckt, wie der Winzer es wollte. Sie verlangsamen den Reifungsprozess, was bei der Alterung von Vorteil ist. Und eine Flasche mit Schraubverschluss lässt sich leicht und ohne weitere Accessoires öffnen und wieder verschließen. Auch nicht verkehrt, oder?

Natürlich gibt es auch einige Streitpunkte. Zur Zeit wird etwa diskutiert, ob Weine mit Schraubverschluss beim ersten Öffnen einen „reduzierten" Geruch besitzen. Das kann auf einen Mangel an Sauerstoff in der Flasche aufgrund des zu dichten Verschlusses zurückzuführen sein. Der Geruch verschwindet jedoch, sobald die Flasche geöffnet und der Wein ausgeschenkt wird.

> „Romantisch sind Schraubverschlüsse nicht, aber sie garantieren, dass der Wein in 99,9 % der Fälle so schmeckt, wie der Winzer es wollte."

Und während der größte Teil der weinliebenden südlichen Halbkugel Schraubverschlüsse mit offenen Armen aufgenommen hat (bis zu 92 % der Produktion Neuseelands wird jetzt auf diese Weise verschlossen), bleibt die traurige Tatsache, dass das schlechte Ansehen bei den Kunden in einigen der konservativeren, aber finanziell bedeutenden Märkte Europas zahlreiche Produzenten der Alten Welt dazu bringt, unverändert auf den Naturkorken zu setzen. Die Zeit wird es weisen.

LINKS UND OBEN Mit deutlich mehr Vor- als Nachteilen sollte der Schraubverschluss vor allem dafür gefeiert werden, dass sich die Flaschen leicht öffnen lassen und der Wein herrlich frisch bleibt.

Der Wein: Dichtung und Wahrheit

Das Wichtigste zuerst: Es gibt keinen Schnellkurs in Sachen Wein. Wer besser trinken will, muss mehr verkosten und etwas mehr nachdenken – den komfortablen Bereich des Gewohnten verlassen und den Sinn für Neues öffnen. Er sollte über den Preis eines Weins nachdenken und wissen, wie er zustande kommt; er sollte die Unterschiede zwischen Alter und Neuer Welt kennen; er sollte auch biologisch und biodynamisch angebaute sowie fair gehandelte Weine kennenlernen.

Bei der Auswahl großer Weine gibt es keine Tricks, nur Wissen – auch wenn es noch viele Mythen darum gibt, wie man die Qualität eines Weins bestimmt. Auch sind Sonderangebote selten etwas wirklich Besonderes: Wie bei den meisten Dingen bekommt man auch beim Wein – im großen Ganzen – den Gegenwert der Summe, die man ausgegeben hat.

Zuletzt: Größeres Wissen in Sachen Wein ist ohne jeden Zweifel hilfreich, aber man muss nicht sonderlich viel lernen, um besser zu trinken.

Die folgenden Seiten geben einen Einblick in die Gesichtspunkte, die bei der Weinerzeugung eine Rolle spielen, und sollen Ihnen ermöglichen, kenntnisreicher und klüger einzukaufen.

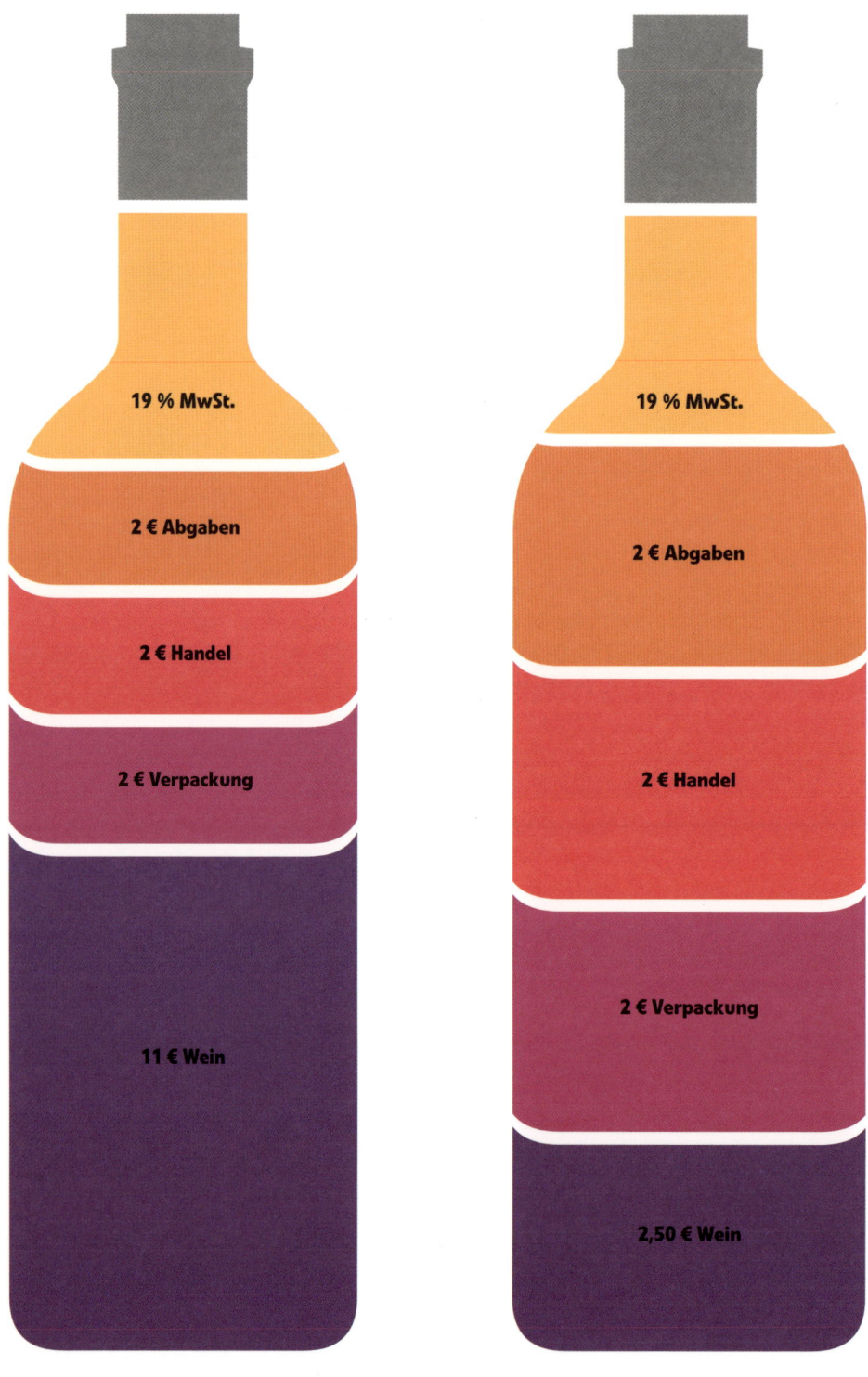

Eine Flasche zu 20 €   Eine Flasche zu 10 €

Warum ein Wein teurer ist als ein anderer

Was für eine knifflige Frage! Und vermutlich die Frage, die mir am allerhäufigsten gestellt wird. Und, ehrlich gesagt, die Antwort ist nicht so einfach, wie Sie es vielleicht gern hätten.

Eine ganze Palette unterschiedlichster Gesichtspunkte ist hier zu berücksichtigen: wo und wann der Wein erzeugt wurde, von wem und wie er produziert wurde und wie viel von ihm existiert. Ich gebe zu, dass das eine ganze Menge ist, aber es gibt einfach so viele Faktoren, die alles zusammen den Preis einer Flasche Wein bestimmen.

Denken wir einen Augenblick an Autos – vier Räder, ein Motor. Im Wesentlichen existieren sie alle, um dieselbe Grundfunktion zu erfüllen: uns von A nach B zu bringen. Aber wie wir alle wissen, gibt es Autos und Autos. Und es gibt erhebliche Preisunterschiede, je nachdem, was für ein Auto es ist, wo und von wem es gebaut wurde … Sie verstehen? Beim Wein ist das nicht anders.

Da bei der Erzeugung eines Weins der Einstiegskategorie auch nicht viel mehr als Schrauben und Muttern im Spiel sind, wähle ich einen Wein, der für 10 € angeboten wird, um an diesem Beispiel zu zeigen, wo das Geld bleibt. In umgekehrter Reihenfolge ist zunächst die Mehrwertsteuer (auf den Nettopreis) abzurechnen. Bleiben etwa 8,50 €. Als Nächstes ziehen wir die Steuern ab (in Deutschland nur bei Schaumwein und „Zwischenerzeugnissen" wie Sherry oder Likörweinen), etwa 2 €. Von den übrigen 6 € bekommt der Weinhändler etwa 2 €, Verpackung weitere 2 €, so bleiben, wenn ich richtig gerechnet habe, etwa 2,50 €. So viel geben wir tatsächlich für die Flüssigkeit aus, die sich in der Flasche befindet.

Holen Sie nun tief Luft: So erschütternd das klingen mag, ein Wein, der für 10 € angeboten wird, wird mit großer Wahrscheinlichkeit doppelt so gut sein wie der für 6,50 €. Verwirrend? Nein, denn wenn die Mehrwertsteuer, die Abgaben sowie die Kosten für Händler und Verpackung abgezogen sind, bleibt die Summe, die wir für den Wein selbst ausgeben – und das wird erheblich mehr sein als bei Wein für 6,50 €: Ein deutlich besserer Wein für nur etwas mehr Geld.

Was bestimmt den Preis eines Weins?

1. Die Herkunft
Je teurer ein Wein, desto größer ist die Zahl der Faktoren, die den Preis beeinflussen. Die Produktionskosten sind sehr unterschiedlich. Der erste Faktor, der den Ladenpreis bestimmt, ist somit die Herkunft des Weins.

2. Der Erzeuger und sein Ruf
Ein etablierter, wohlverdienter Ruf hat seinen Preis. Somit ist es entscheidend, wer den Wein produziert hat. Weniger bekannte Erzeuger richten den Preis ihrer Weine nach dem Renommee der Region aus, ihren Standards, der Beliebtheit der Rebsorte und dem vermuteten Wert ihres Namens.

3. Rebsorte
Einige Rebsorten sind nicht der Mode unterworfen, die meisten sind es jedoch, und dementsprechend folgen die Preise den aktuellen Trends.

4. Jahrgang
Wirklich gute Erzeuger liefern selbst in den schwierigsten Jahren noch großartige Tropfen, dennoch hat die Qualität des jeweiligen Jahres auch ihren Anteil. Ironischerweise werden die Weine jedoch selten billiger, nicht einmal in den schlimmsten Jahren. Die einzige Ausnahme bildet vielleicht der Bordeaux.

5. Seltenheit
Bei wenig Masse und großer Nachfrage steigen naturgemäß die Preise.

6. Alter
Ebenso hat bei einem seltenen älteren Wein die Anzahl noch verfügbarer Flaschen einen spürbaren Einfluss auf den Preis.

Was macht einen guten Jahrgang aus?

Im Wesentlichen ist es Mutter Natur, die den Unterschied zwischen guten und schlechten Jahrgängen bestimmt.

Zunächst möchte ich erklären, was unter einem „Jahrgang" zu verstehen ist. Das Jahr – oder der Jahrgang, wie es in der Weinsprache heißt –, das auf der Flasche angegeben ist, verweist auf das Jahr, in dem die Trauben geerntet wurden.

„Der Zeitpunkt, zu dem ein Jahrgang auf den Markt kommt, ist ein wichtiger Hinweis darauf, wann der beste Augenblick ist, den Wein zu genießen."

Nur bei wenigen Weinarten ist das Jahr nicht auf dem Etikett vermerkt. Ausnahmen bilden Champagner, Port und Sherry, die meist aus einem Verschnitt mehrerer Jahrgänge entstehen, mit dem Ziel, Jahr für Jahr einen einheitlichen Stil des Hauses zu pflegen – doch auch bei diesen Weinen werden jahrgangsreine Versionen erzeugt.

Das Klima ist der entscheidende Faktor. Reben sind empfindliche Geschöpfe, sie mögen lange trockene Wachstumsperioden, sie mögen Sonne, sie brauchen auch Wasser, aber nicht zu viel, und sie mögen es warm. Abgesehen von fehlender Wärme oder übermäßiger Hitze im Sommer lauert die größte Gefahr für die Weinberge im Frühling, wenn der Neuaustrieb an den Rebstöcken erfrieren kann. Für jene, die es durch den Frühling geschafft haben, birgt der Sommer die Gefahr von Regen und Hagel, die beide eine Weinernte komplett vernichten können.

Zu den weiteren Faktoren, die für die Qualität eines Jahrgangs entscheidend sind, zählen die Pflege der Weinberge und die Art, wie der Wein ausgebaut wurde. In dieser Hinsicht ist auch der Zeitpunkt, zu dem ein Jahrgang auf den Markt kommt, ein wichtiger Hinweis darauf, wann der beste Augenblick ist, den Wein zu genießen.

LINKS   Der einzige variable Faktor, der den Jahrgang beeinflusst, ist das Wetter. Daher empfiehlt es sich, die Jahrgangsberichte für die bevorzugten Weinregionen zu konsultieren.

Empfehlenswerte Jahrgänge

Der Jahrgang ist ein wichtiges Kriterium bei jedem Weinkauf, vor allem wenn man etwas mehr Geld ausgeben möchte oder im Restaurant Wein bestellt. Hier sollte man auf das Wissen desjenigen zurückgreifen, der den Wein anbietet. Wer einen Weinkeller besitzt und wissen möchte, wann seine Weine trinkreif sind, kann Fachliteratur wie Zeitschriften oder Bücher zurate ziehen. Unten habe ich einige Jahrgänge nach Land oder Region empfohlen (es gibt auch Unterschiede innerhalb eines Landes).

| Bordeaux | | Burgund | | Champagner | Rhône | | Elsass | | Deutschland | | Italien | Spanien | Port |
rot	weiß	rot	weiß		Nord	Süd							
2005	2005	2005	2005	2004	2005	2001	2005	1996	2005	1997	2005	2005	2005
2000	2001	1999	2000	2002	1999	1999	2002	1995	2003	1996	2004	2004	2003
1995	1999	1995	1997	2000	1995	1998	2000	1994	2001	1995	1999	2001	2000
1990	1996		1996	1999		1995	1998	1990	1999	1994	1997	1995	1997
1989	1990		1995	1996			1997	1989	1998		1996	1994	1994
	1989			1995									

Neue Welt und Alte Welt

Was sind eigentlich Weine aus der Alten Welt und der Neuen Welt? Und worin bestehen ihre Unterschiede?

Weinvermarktung

In nur zwanzig Jahren haben die Weine aus Übersee Weinfreunde in der restlichen Welt verführt – fast fühlt man sich an den Rattenfänger von Hameln erinnert. Und hier ist das Erfolgsrezept:

• saubere, gut gemachte Weine
• klare Begriffe auf den Etiketten
• intelligenter Einsatz von Marken
• und noch intelligenteres Marketing.

Es befreite die Erzeuger von regionalen Regelwerken, wie sie die Herstellung und die Etiketten der meisten europäischen Weine beherrschen. Für den Verbraucher bedeutet die Arbeitsweise der Neuen Welt eine „Demokratisierung" des Weins.

RECHTS Egal welchen Stil Sie bevorzugen, vergessen Sie nicht, dass sich die Neue und die Alte Welt durch den ständigen Informationsfluss und den Erfahrungsaustausch mehr und mehr aufeinander zubewegen.

In der Branche bezeichnet man Weine aus Australien, Neuseeland, Südafrika, Chile, Argentinien, Uruguay und den USA als Weine aus der Neuen Welt, während die Alte Welt die Weinregionen Europas umfasst. Aber die Unterschiede zwischen ihnen betreffen deutlich mehr als nur die Lage auf dem Globus.

> „Der Konflikt unterschiedlicher Einstellungen lässt sich im Wesentlichen auf die Formel ‚Technologie versus Tradition' reduzieren."

Während die Überseeländer saubere und präzise Weine erzeugen, die die jeweilige Rebsorte eindeutig erkennen lassen, strebt man in der Alten Welt häufig das genaue Gegenteil an. Tatsächlich denkt man in Europa eher so, dass das bei Weitem wichtigste Merkmal eines Weins nicht so sehr die Rebsorte, sondern der Charakter der Gegend ist, in der er erzeugt wurde.

In Frankreich gibt es dafür ein Wort, das „Terroir". Es lässt sich nicht mit einem einzigen Begriff wiedergeben; es meint die Persönlichkeit eines Weins, die auf den zahlreichen Faktoren der jeweiligen Gegend beruht, in der er erzeugt wurde: die Sonne, das Klima, der Boden, das Wasser, die Natur, alles eben.

Dieser Konflikt unterschiedlicher Einstellungen lässt sich im Wesentlichen auf die Formel „Technologie versus Tradition" reduzieren. Wer hat nun recht? Wer weiß. Vielleicht wäre die Frage vor zehn Jahren leichter zu beantworten gewesen – die moderne Weinwelt kann heute ziemlich kompliziert sein.

Die früher eindeutig festgelegten Trennlinien zwischen Alter und Neuer Welt verschwimmen heute mehr und mehr. Und wenn die neue Generation von Weinerzeugern heute in ihre Weingüter und Châteaus zurückkehrt – nachdem sie um die Welt geflogen sind und in fremden Ländern in der Weinbranche gearbeitet haben –, bringen sie Erfahrungen, Ideen und neue Einstellungen mit. So übernimmt man in der Alten Welt Tipps und Tricks aus der Neuen und versucht, dem Wein klarere Konturen zu geben, während die Neue Welt versucht, mehr vom regionalen Charakter in der Flasche festzuhalten.

Als Verbraucher genießen wir die Früchte dieser Begegnung – die beiden Welten verschmelzen, und aus alten Favoriten werden neue Weine.

> „Die früher eindeutig festgelegten Trennlinien zwischen Alter und Neuer Welt verschwimmen heute mehr und mehr."

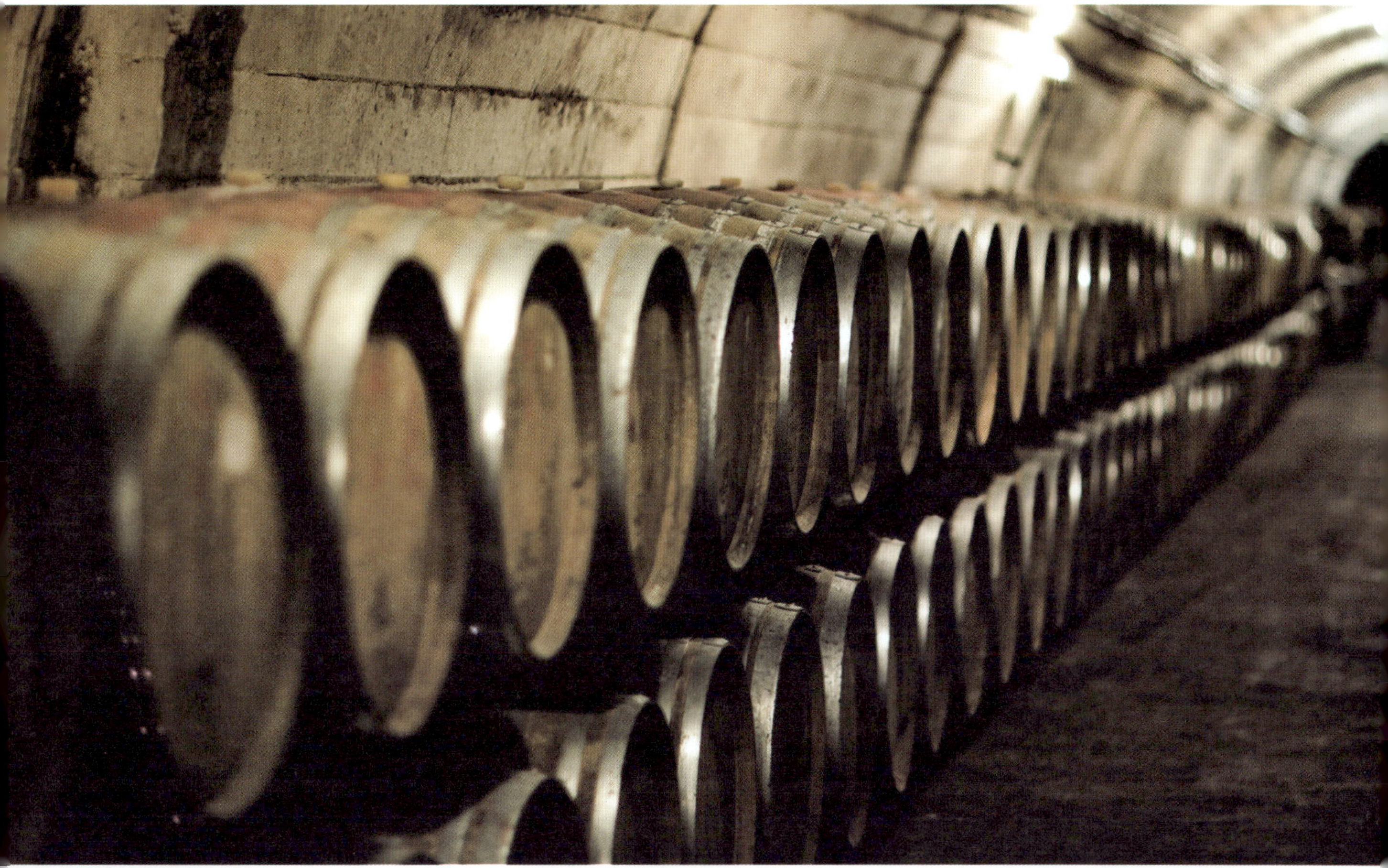

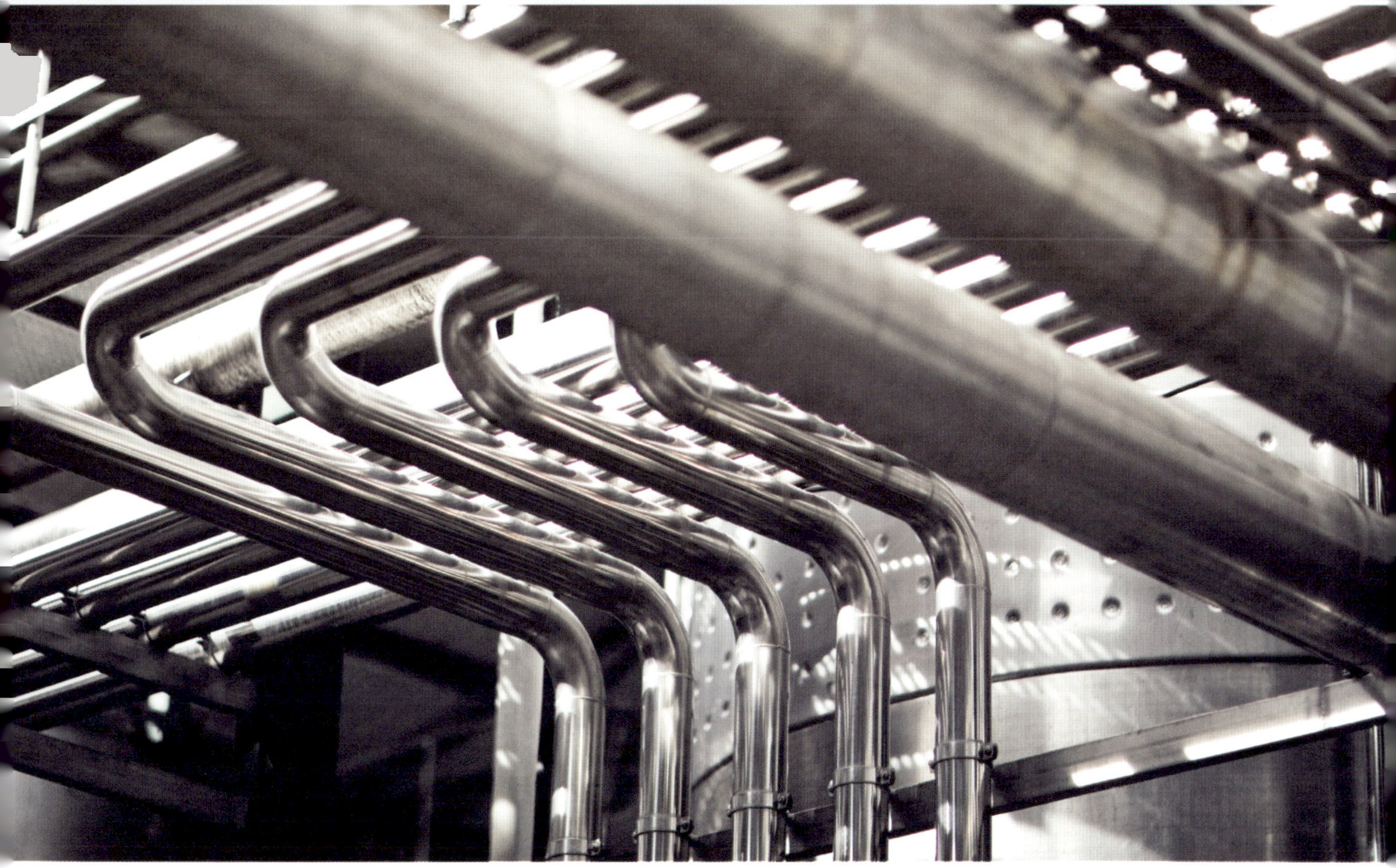

Biologischer Weinbau

Und um alles noch etwas komplizierter zu machen, besinnt man sich auch in der Weinbranche auf ökologische und ethische Fragen. Sie haben nicht nur Auswirkungen auf die Erzeugung des Weins, ihre Konsequenzen reichen viel weiter. Die Menschen profitieren von ihnen ebenso wie die Umwelt.

Ökologische und ethische Fragen werden in den kommenden Jahren mit Sicherheit auch auf unseren Weinkonsum Einfluss haben. Hier ein kurzer Überblick.

Der biologische Anbau – ein Begriff, der früher achtlos zwischen Alfalfa und Yoga einsortiert wurde – hat heute alle Konsumprodukte einschließlich des Weins erobert und ist rasch zu einem allgemein anerkannten, ja modischen Lebensstil avanciert. Per Definition entstehen Bioweine aus Trauben, die ohne Einsatz von industriellen Düngemitteln, Unkrautvertilgungsmitteln, Fungiziden und Schädlingsbekämpfungsmitteln angebaut werden. Der Wein selbst kommt ohne chemische Zusätze aus – im Wesentlichen ohne all diese unguten Dinge.

Wir wollen heute mehr denn je wissen, was wir essen und trinken, und der biologische Anbau ist eine natürliche und verantwortungsvolle Methode, mit der viele der besten Weine der Welt – nicht erst heute, in der Tat schon seit Langem – erzeugt werden. Die wachsende Zahl hochklassiger biologisch erzeugter Weine in den Regalen ist überaus ermutigend.

Damit die Produkte eines Erzeugers das Prädikat „Biowein" tragen dürfen, müssen die Verfahren im Weinberg und bei der Weinbereitung einige besondere Kriterien erfüllen. Darüber hinaus gibt es viele Winzer, die zwar seit Langem nach biologischen oder biodynamischen Grundsätzen arbeiten, sich aber nicht an die Zertifizierung binden wollen. Das gibt ihnen die Möglichkeit, biologisch zu arbeiten bis zu dem Punkt, an dem die Dinge nicht optimal verlaufen; dann kann man mit herkömmlichen Mitteln eingreifen. Jedes Land hat dabei seine eigenen Kriterien für den Bioweinbau, einige Methoden werden jedoch weltweit angewandt.

„Die wachsende Zahl hochklassiger biologisch erzeugter Weine in den Regalen ist überaus ermutigend."

Zunächst müssen die Reben ohne den Einsatz von industriellen Mitteln zur Düngung und zur Bekämpfung von Unkraut, Schädlingen und Pilzen kultiviert werden. Bei der Verarbeitung der Trauben sind nur begrenzte Eingriffe gestattet: Ausgeschlossen sind etwa das Verfahren der Umkehrosmose (das zur Entfernung von Weinfehlern wie Rauchgeschmack, Brettanomyces, flüchtige Säuren und übermäßig viel Alkohol eingesetzt wird), exzessive Filterung des Weins und der Einsatz von Aromazusätzen wie Eichenspänen. Zahlreiche Biowinzer ziehen es auch vor, zur Gärung Spontanhefen (natürliche Hefepilze, die auf dem Weingut vorkommen) den Zuchthefen (Hefen, die kommerziell für die Weinerzeugung gezüchtet werden) zuzusetzen.

Der umstrittenste Punkt ist die Verwendung von Schwefeldioxid, einem künstlichen Zusatz, der dazu beiträgt, den Wein bei der Produktion zu stabilisieren. Allerdings: Wenn der Wein in guter Verfassung bleiben soll, ist die Verwendung einer Mindestmenge Schwefeldioxid notwendig.

Absolut tabu ist im biologischen Anbau jedoch die Verwendung künstlicher Zusätze. Das hat eine ganze Generation „biologisch denkender" Weinbauern hervorgebracht – solche, die einwandfrei alle Regeln befolgen, aber nicht als Bio-Winzer zertifiziert sind.

LINKS Heute wünscht man sich, mehr Wein von Bioweingütern wie diesem in den Regalen zu finden. Meist kommt Biowein von kleineren Erzeugern und nicht von großen Marken. Es empfiehlt sich daher, ein Auge auf das Etikett zu haben.

Biodynamischer Weinbau

Kompliziert, sehr unkonventionell und umstritten ist die biodynamische Landwirtschaft, die auf den Philosophen Rudolf Steiner zurückgeht.

OBEN In Wettbewerben mit biodynamisch und konventionell erzeugten Weinen, die von einigen der einflussreichsten Weinhändlern der Welt veranstaltet werden, gewinnen die biodynamischen Weine mühelos in allen Kategorien. Das ist doch eine rundherum gute Nachricht: Man trinkt einen guten Tropfen und hält sich und die Welt so gesund wie möglich.

Steiner war in erster Linie bemüht, die Kluft zwischen Materie und Leben zu überbrücken. Gegen Ende seines Lebens führte er seine anthroposophischen Gedanken auch in die Landwirtschaft ein.

Die Biodynamik hebt den biologischen Weinbau (eine Voraussetzung der biodynamischen Landwirtschaft) auf eine höhere Ebene und geht dabei in manchen Fällen – je nachdem, wie man es betrachtet – auch in Extreme. Es ist, kurz gesagt, zunächst eine Art zu denken und dann eine Form der Landwirtschaft.

> „Die Liste der biodynamisch arbeitenden Winzer liest sich wie das Who's who der größten Namen der Weinbranche."

Im Bioanbau ist der Einsatz von Chemie und künstlichen Zusätzen untersagt. Im biodynamischen Anbau geht man von diesen Grundprinzipien aus und fügt noch Aspekte der Homöopathie, der Astronomie und der Astrologie hinzu.

Statt einfach zu versuchen, das Beste aus den Reben herauszuholen, betrachtet der biodynamische Winzer nicht nur die Rebflächen, sondern das gesamte Weingut und alles, was es dort gibt, als einen einzigen lebenden Organismus: ein sich selbst erhaltendes Ganzes. Wenn zur Pflege des Bodens bestimmte Bereitungen oder

Dünger ausgebracht werden, geschieht das in Einklang mit den Zyklen des Mondes und des Kosmos. Das ist gar nicht so verrückt, wie man zunächst denken könnte. Nach dem Mondkalender werden seit langer Zeit in vielen Kulturen Pflanzen gesetzt und die Ernte eingebracht.

Verwirrt? Beeindruckt? Angst? Kein Grund zur Sorge, es geht nicht nur Ihnen so. Da es sich nicht um eine Naturwissenschaft handelt, lässt sich der Erfolg des biodynamischen Ansatzes nicht leicht messen. Dass es sich dennoch um ein sinnvolles Konzept und um mehr als nur eine vorübergehende Modeerscheinung handelt, zeigt die Liste der biodynamisch arbeitenden Winzer, die sich liest wie das Who's who der größten Namen der Weinbranche. Es sind Erzeuger, die trotz aller Unterschiede der Meinung sind, dass biodynamischer Weinbau nicht nur für die Gesundheit, Krankheitsresistenz und Langlebigkeit der Reben förderlich ist, sondern auch den Zuckergehalt in den Früchten ohne den Verlust wertvoller Säure erhöht. Man darf auf die weitere Entwicklung gespannt sein.

Weine aus fairem Handel und kohlenstoffneutrale Weine

Unser Planet ist in Not. Während die Industrie allmählich zu ihrer Verantwortung steht, wächst auch in der Weinwelt die Bereitschaft, grüner zu denken.

Jenseits der grünen Ansätze in der Weinbranche gibt es weitere grundsätzliche ethische Fragen, die ähnliche Beachtung finden. Dazu gehört auch fairer Handel.

Wein aus fairem Handel

Fairer Handel (Fairtrade) wurde gegründet, um sicherzustellen, dass benachteiligte Erzeuger in Entwicklungsländern bessere Preise für ihre Ware erhalten. Produkte aus fairem Handel sind mit einem Siegel versehen, das nur solche Produkte erhalten, die den Kriterien des fairen Handels genügen. Dazu gehört es, Preise zu bezahlen, die eine nachhaltige Landwirtschaft ermöglichen, öffentliche Projekte zu finanzieren und Partnerschaften anzustreben, die eine langfristige Planung und eine nachhaltige Produktion ermöglichen. Aus fairem Handel gibt es zur Zeit Wein aus Argentinien, Chile und Südafrika.

> „Zahlreiche Erzeuger recyceln bereits 80 % der Verpackungen."

Kohlenstoffneutraler Wein

Auf diese Kategorie werden Sie schon bald auch in den Regalen Ihrer Händler und Supermärkte stoßen! Im Augenblick prüft die Weinindustrie alle Möglichkeiten, Energie zu sparen und ihren Kohlenstoffausstoß möglichst gering zu halten. Auf der unteren Ebene setzt eine wachsende Zahl von Weinkellereien auf eine effiziente Energienutzung. Viele von ihnen sind nun auch in der Lage, die in der Produktion entstehenden Abwässer zu behandeln.

Wein soll verstärkt in großen Tanks transportiert werden, abgefüllt wird dann näher am Verkaufsort, sodass die benötigte Transportenergie verringert wird. Weitere Initiativen bemühen sich um leichteres Glas und die Einführung von PET-Kunststoffflaschen, was zusammengenommen die Emissionen um 35 % senken könnte. Zahlreiche Erzeuger recyceln bereits stolze 80 % der Verpackungen.

Was geht das uns an?

Es gibt reichlich Skepsis gegenüber den Motiven der Winzer, sich nun ethisch und umweltbewusst zu geben. Geht es ihnen wirklich um die Sache? Oder ist es schlichtweg eine Gelegenheit, die man des Absatzes wegen nicht auslassen darf? Geht es uns etwas an?

Selbst wenn sie lediglich durch steigende Umsatzzahlen motiviert wären, so wäre doch bereits die Bemühung, auf Bioanbau umzustellen oder sogar die hohen Kriterien des fairen Handels zu erfüllen oder auch biodynamisch oder kohlenstoffneutral zu wirtschaften, letztlich ein Gewinn für die Umwelt wie auch für die benachteiligten Bauern der Entwicklungsländer.

Und die wirklich gute Nachricht ist, dass es zahlreiche Winzer gibt, die es tatsächlich aus all den richtigen Gründen tun.

Trinken

Ich liebe, was ich trinke

Im Schnitt kauen wir unser Essen neunmal, bevor wir es schlucken. Eigentlich sollten wir es 18-mal tun. Bei etwa einer Sekunde pro Kaubewegung ergibt das neun Sekunden pro Bissen. Nicht schlecht. Schließlich sind neun Sekunden ziemlich viel Zeit – mehr als genug, um zu schmecken, was man isst.

Beim Trinken liegen die Dinge etwas anders. Überlegen Sie: Man führt das Glas zum Mund, lässt den Wein in denselben strömen und schluckt: In den Mund, über die Zunge, die Kehle hinunter, das war's. Ich frage mich, wie viele Produkte Sie (abgesehen vom Wein) kaufen, deren Herstellung zwei bis drei Jahre Zeit benötigt? Nicht sonderlich viele, nehme ich an. Zwei bis drei Jahre und dann in einer Sekunde hinunter-geschluckt?

Ich möchte, dass Ihnen der Wein, den Sie trinken, etwas bedeutet. Nicht nur wegen des Aufwands, der bei seiner Herstellung betrieben wird, sondern auch wegen des Preises, den Sie dafür bezahlen. Die schlichte Wahrheit ist doch, dass Sie im Lauf Ihres Lebens möglicher-weise fast genauso viel für Wein ausgeben werden wie für Essen. Warum sollte man dann nicht jeden einzelnen Tropfen genießen?

Ich möchte, dass Sie sich zunächst ein paar vernünftige Weingläser anschaffen: keine schicken Farben, Formen oder besonders Designtes – einfach nur richtige Weingläser. Sie werden den Unterschied spüren.

Ich möchte, dass Sie den Dekanter wieder ausgraben, den Sie einmal geschenkt bekommen haben, und ihn auch benützen. Ich möchte, dass Sie sich einen ordentlichen Korkenzieher zulegen – erbettelt, gestohlen oder geborgt –, und so lächerlich es auch klingen mag: Ich möchte, dass Sie lernen, wie man eine Weinflasche richtig öffnet. Aber damit nicht genug. Ich möchte auch, dass Sie sich den Wein im Glas ansehen, ihn riechen, schwenken und wieder riechen. Ich möchte, dass Sie das Glas an die Lippen führen, den Wein in den

Mund laufen lassen und ihn dort halten – vielleicht keine neun Sekunden, aber dennoch halten, ihn im Mund herumbewegen, etwas Luft ziehen und ihn wirklich schmecken. Und wenn Sie das alles getan haben, dann, erst dann, können Sie ihn hinunterschlucken. Und jetzt möchte ich, dass Sie das immer wieder tun. Ich möchte einfach nicht nur, dass Sie wissen, dass Sie mögen, was Sie trinken. Das ist nicht genug. Ich möchte, dass Sie wissen, was Sie an dem Wein mögen und warum. Wein ist ein großartiges Getränk, das mit etwas Aufmerksamkeit noch besser wird, und ich möchte, dass er Ihnen etwas bedeutet, weil Sie das doch letzten Endes auch wollen.

Wein servieren

Wenn ich irgendetwas über Wein gelernt habe – und ich habe viele Jahre lang Wein serviert –, dann dies, dass es beim Genuss eines großartigen Tropfens selten nur um das geht, was sich in der Flasche befindet.

Eher ist er das Ergebnis einer umfassenderen Erfahrung, etwa mit wem man die Flasche geleert hat, wo es geschah und was es zu essen gab.

Und dann gibt es die kleinen Dinge, die, wenn man sie zusammenfügt, den großen Unterschied ausmachen. Etwa wie der Wein gelagert wurde, wie er serviert wird, welche Temperatur er hat und aus welchem Glas er getrunken wird. Und das gilt für den Weingenuss zu Hause wie auch im Restaurant oder in der Kneipe – also scheuen Sie sich nie, danach zu fragen oder Ihre Meinung dazu zu sagen. Glauben Sie mir, wenn ich Ihnen sage, dass solche Dinge zählen.

Um Ihnen nun zu helfen, das Beste aus Ihrem Wein herauszuholen, müssen einige Accessoires beschafft werden. Hier sind die wesentlichen Dinge, die Sie besorgen sollten, bevor es richtig losgehen kann.

Zuerst braucht man einen ordentlichen Korkenzieher

Vor langer Zeit war ein Korkenzieher nur ein einfaches Instrument, das dazu diente, Korken aus Flaschen zu ziehen. Kein Technikwunder, nur ein schnörkelloses Werkzeug, das einzig der Funktion diente, nicht irgendeiner Ästhetik.

Heute sind Korkenzieher viel komplizierter. Zugegebenermaßen erfüllen sie die gleiche Grundfunktion wie vor 100 Jahren, aber heute benötigen wir NASA-Technologie für ihre Herstellung, wir machen sie so groß, dass man ein Schulterhalfter dafür braucht, und natürlich kommen die meisten nicht ohne ellenlange Gebrauchsanweisung aus. Warum? Man sollte überlegen, wo und wie oft man einen Korkenzieher verwenden möchte. Ich werde nichts zu den unterschiedlichen Korkenziehertypen und ihre Funktionsweise sagen – ich bin ziemlich sicher, dass die meisten von Ihnen bereits einen Korkenzieher verwendet haben.

Da ich aber mit dem Herausziehen von Korken mein Geld verdiene, kann ich nicht genug betonen, wie wichtig es ist, einen vernünftigen Korkenzieher zu besitzen – keinen teuren, nur einen guten. Ich habe mehr Korkenzieher verschlissen, verloren und abgebrochen, als ich hier aufzählen könnte. Aus diesem Grund empfehle ich ein einfaches, aber nicht zu billiges Modell.

Überlegen Sie, wo und wie oft der Korkenzieher zum Einsatz kommen soll.

Wer im Weinhandel oder in der Gastronomie arbeitet, braucht ein dauerhaftes, leichtes, kompaktes Modell, dazu eines – ich spreche aus Erfahrung –, dem man bei Verlust nicht allzu sehr nachtrauert. Wichtig ist, dass er mindestens die unten genannten Kriterien erfüllt, egal für welches Modell man sich entscheidet und wie teuer es ist.

Was Sie von einem Korkenzieher erwarten sollten

1. Funktionalität
Er sieht vielleicht cool aus, aber was nützt das, wenn er schlecht zu bedienen ist?

2. Stabilität
Ein Korkenzieher muss stabil genug sein, um die relativ großen Kräfte auszuhalten. Bei häufiger Verwendung können Werkzeuge aus minderwertigem Material zerbrechen.

3. Funktionstüchtigkeit
Überprüfen Sie vor dem Kauf, ob Gelenke, Scharniere und Kapselschneider sich leicht bewegen lassen, aber nicht zu locker sind, und gut funktionieren.

4. Leichte Handhabung
Macht das Herausziehen des Korkens Schwierigkeiten? Viele traditionelle Kellnermesser (Sommelier-Korkenzieher) sind mit einem Zwei-Stufen-Hebel ausgerüstet, der nicht nur deutlich sicherer ist, sondern auch schonender für das Handgelenk.

5. Leichtes Eindrehen
Korkenzieherspiralen sind heute häufig mit Teflon beschichtet, was die Reibung zwischen Korken und Spirale verringert. Achten Sie vor allem darauf, dass die Spirale eine scharfe Spitze hat – stumpfe Spitzen lassen den Korken zerbröseln.

6. Extras
Die meisten Öffner haben einen Kapselschneider, der an einem Ende des Korkenziehers ausgeklappt wird. Ich kann ihn nur empfehlen. Für den häufigen Gebrauch eignen sich besonders die mit gezahnter Schneide.

Erläuterung «

1 Hebelkorkenzieher von Screwpull©

2 Traditioneller T-Korkenzieher

3 Hebelkorkenzieher

4 Kellnermesser

Gläser

Vergessen Sie die Bleikristallpokale. Wer Zeit und Geld für bessere Weine aufwendet, sollte sich auch vernünftige Gläser zulegen.

Es ist wie der Sprung vom tragbaren Schwarzweißfernseher zum wand-montierten Digital-TV in Kinoformat – der Unterschied ist unglaublich.

Genau wie Korkenzieher gibt es auch Gläser in allen Formen und Größen, von billig bis wahnwitzig teuer. Rebsorte, Land, Region, Typ: Was auch immer einem einfallen könnte, es gibt bestimmt ein „passendes" Glas dazu. Es grenzt an Wahnsinn.

Zu Hause habe ich drei Typen von Gläsern: Champagnerflöte, Allround-Gläser und eine größere Version für schwerere Rotweine. Glauben Sie mir: Drei sind mehr als genug. Und für gute Gläser muss man kein Vermögen ausgeben, man sollte nur beim Kauf auf einige Dinge achten.

Erläuterung <<

1 Schaumwein

2 leichter Rot-, körperreicher Weißwein

3 leichter, feiner Weißwein

4 körperreicher Rotwein

5 Champagner

6 Dessertwein, Cognac, Whisky

7 Likörwein, Spirituosen

Erstens benötigt man ein klares Glas: keine ausgefallenen Muster, Farben oder Materialien – schlicht und einfach, sodass man den Inhalt sehen kann. Zweitens: Wählen Sie ein Glas mit (gezogenem, nicht gepresstem) Stiel. Damit widersetzen Sie sich zwar dem aktuellen Trend zu stiellosen Weingläsern, werden dann aber beim Trinken auch nicht die Hand am Glas halten müssen und somit nicht die Temperatur des Weins im Glas verändern.

> „Zu Hause habe ich drei Typen von Gläsern: Champagnerflöten, Allround-Gläser und eine größere Version für schwerere Rotweine."

Die Form ist ebenfalls wichtig. Die Größe variiert zwar erheblich, aber allen Weingläsern gemeinsam ist, dass sie sich zum Rand hin verjüngen. Auf diese Weise bleibt das Aroma im Glas. Und zuletzt hat auch das Material, aus dem das Glas hergestellt wurde (Kalknatronglas oder Bleiglas) und die Fertigungsart (von Hand, maschinell oder in einer Kombination von beidem) großen Einfluss auf den Preis.

Sind gute Weingläser erst einmal vorhanden, sollten sie auch gut gepflegt werden. Reinigen in der Spülmaschine ist, mit Ausnahme ganz teurer Gläser, kein Problem. Sie können aber auch von Hand in heißem Wasser mit neutralem Spülmittel gewaschen werden – die üblichen Spülmittel sind meist zu stark parfümiert.

Bei der Handwäsche werden die Gläser unverzüglich unter kaltem Wasser abgespült, damit sich keine Streifen bilden. Stellen Sie die Gläser kopfüber zum Abtropfen auf und reiben Sie sie mit einem sauberen Gläsertuch aus schwerer Baumwolle oder Leinen trocken. Stellen Sie Gläser kopfüber in einen Schrank, wo sie keine Küchengerüche annehmen oder einstauben.

Dekanter

Das Angebot an Weinzubehör ist schier unendlich und nicht immer sinnvoll. Eines sollten Sie jedoch unbedingt in Betracht ziehen: eine Karaffe zum Dekantieren.

Er gehört in jeden Haushalt. Wein ist ein lebendes, atmendes Ding, das wir irgendwo auf seinem Weg vom Traubensaft zum Essig konsumieren. Die Tatsache, dass der Wein für längere Zeit in einer Flasche eingesperrt war, bedeutet, dass er für ein ordentliches Quantum Luft dankbar ist, sobald Korken, Schraubverschluss oder Glasstopfen entfernt wurde. Es ist doch wie bei einer langen Autofahrt: Sobald man anhält, verspürt man das Bedürfnis, sich zu strecken. Ein Dekanter hilft dem Wein beim Sichstrecken und Atmen.

Wenngleich die meisten kommerziellen Weine im Wissen erzeugt werden, dass sie höchstwahrscheinlich nie einen Keller von innen sehen werden, tut es ihnen – ob rot oder weiß – doch gut, eine Viertelstunde vor dem Servieren in einen Dekanter umgefüllt zu werden. Es wird den Wein nicht nur weicher und runder machen, sondern auch dazu beitragen, dass sich unangenehme Aromen (mit Ausnahme von echten Weinfehlern) verlieren, die er unter Umständen während seiner Zeit in der Flasche aufgenommen hat.

Dekanter werden zu zwei Zwecken eingesetzt: Sie lassen den Wein atmen und sind hilfreich beim Entfernen des Bodensatzes und anderer unschöner Dinge aus älterem Wein. Um den Bodensatz zu entfernen, kann es nötig sein, den Wein sehr langsam – manchmal sogar mehrfach – von der Flasche in den Dekanter und zurück zu gießen, damit man den Bodensatz komplett eliminiert; aber es lohnt sich, weil der Wein dann frei von Rückständen im Glas liegt.

Wie alle anderen Accessoires werden Dekanter in vielen Formen und Größen angeboten, entsprechend groß sind auch die Preisunterschiede. Meine Empfehlung wäre hier ähnlich wie bei den Gläsern: Bevorzugen Sie einen klaren, schlichten Dekanter ohne Schnickschnack. Wer mehr als nur ein paar Gläser auszuschenken gedenkt, sollte auch ein möglichst leichtes Modell wählen.

....

Wie man dekantiert

1. Wie lange vor dem Trinken?
Ältere Weine brauchen meist nicht lange, bis sie „sich öffnen", einige Stunden oder weniger dürften ausreichen. Junge Weine können, ohne groß auf Details zu achten, in den Dekanter gegossen werden und darin länger stehen bleiben.

2. Eine Lampe verwenden
Beim Dekantieren müssen Sie sehen können, wann der Bodensatz sich dem Flaschenhals nähert. Eine Kerze oder eine Taschenlampe unter dem Flaschenhals sind hier hilfreich.

3. Wie hält man die Flasche?
Halten Sie die Flasche am unteren Ende, sodass Sie beim Gießen den Flaschenhals gut im Blick haben.

4. Langsam gießen
– oder sogar sehr langsam, wenn es viel Bodensatz gibt. Lassen Sie den Wein an der Wand des Dekanters entlang einlaufen, den Sie mit der anderen Hand leicht schräg halten. Wenn sich der Bodensatz dem Flaschenhals nähert, hören Sie auf.

5. Filtern
Wer gar keinen Tropfen in der Flasche zurücklassen will, kann das Depot, solange es nicht zu fein ist, mit einem Filter oder sauberen Musselintuch auffangen.

....

Temperatur

Viele Menschen treibt die Sorge um, dick oder kahl zu werden. Meine Sorge gilt der richtigen Temperatur des Weins.

Traurig, ich weiß. Verstehen Sie mich nicht falsch, auch ich habe Angst, dick und kahlköpfig zu werden, aber die Temperatur, mit der Wein serviert wird, ist für mich eine unaufhörliche Quelle der Frustration. Und ich weiß, ich bin nicht der Einzige. Das Problem ist, dass wir allzu oft Weißwein zu kalt und Rotwein nicht kühl genug servieren.

Wenn Wein zu kalt serviert wird, können sich all die schönen Duft- und Geschmacksnuancen nicht entwickeln, auch die Struktur des Weins kann sich ändern. Wird der Wein zu warm serviert, tritt der Alkohol viel stärker hervor und nimmt dem Wein rasch das Gleichgewicht.

Während die falsche Temperatur bei manchen nicht besonders gut gemachten sogar von Vorteil sein kann, wird doch klar, dass es weder für Sie noch für Ihren Wein gut ist, besonders wenn er etwas mehr gekostet hat.

„Allzu oft servieren wir Weißwein zu kalt und Rotwein nicht kühl genug."

Die richtige Serviertemperatur zu beachten ist wirklich wichtig – eine Liste mit empfohlenen Temperaturen finden Sie unten. Wenn die Zeit fehlt und die Temperatur eines Weins rasch korrigiert

werden muss: Hier einige Tricks, die diesen Prozess beschleunigen.

Die schnellste Art, einen Wein herunterzukühlen, ist, einen Eimer halb mit Eis und dann mit kaltem Wasser zu füllen. Drehen Sie die Flasche zehn Minuten lang immer wieder im Eis, dann sollte der Wein kalt sein. Da man nach diesem Verfahren meist eine taube Hand hat, sollte man diese Aufgabe möglichst jemand anders überlassen. Wer einen wirklich kalten Wein wünscht, kann noch einige Minuten weiterdrehen (lassen).

Wer umgekehrt feststellt, dass ein Wein aus dem Kühlschrank eindeutig zu kalt ist, gießt etwas in ein Glas, legt die Hände darum und schwenkt ihn einige Male. Die Temperatur der Hände wärmt den Inhalt des Glases relativ schnell. Und noch ein Letztes: Stellen Sie Wein nie in die Mikrowelle oder in die Tiefkühltruhe, halten Sie die Flasche auch nie unter heißes Wasser. Ich gestehe, dass ich es selbst auch schon getan habe – aber empfehlen möchte ich es wirklich nicht. Wein mag einfach keine plötzlichen Temperaturschwankungen.

Serviertemperaturen

Zwar gibt es keine absolut festgezurrten Regeln für die Serviertemperatur, aber so funktioniert es für mich am besten:

1. Gut gekühlt
Jahrgangsloser Champagner, Schaumwein, Sauvignon Blanc, Riesling, Rosé, viele spanische und italienische Weißweine, weiße Verschnitte (ohne Eiche) sowie Manzanilla und Fino-Sherry sollten gut gekühlt, bei Temperaturen zwischen 8 und 10 °C, serviert werden.

2. Leicht gekühlt
Jahrgangschampagner, körperreichere Weißweine wie Chardonnay, Sémillon, Viognier, Gewürztraminer, Grüner Veltliner und Pinot Gris, Rotweine wie Pinot Noir und Beaujolais sowie die meisten Dessertweine schätzen eine Temperatur zwischen 11 und 15 °C.

3. Raumtemperatur
Mittel- bis körperreiche Rotweine und Likörweine sollten bei Temperaturen zwischen 15 und 17 °C serviert werden. Missverstehen Sie den Begriff „Raumtemperatur" also nicht dahingehend, dass damit 22 °C oder noch mehr gemeint seien.

LINKS Wein richtig temperiert zu trinken ist überall möglich, egal was Sie gerade unternehmen. Planen Sie einfach rechtzeitig und seien Sie beim Genießen kreativ.

Wie man eine Sektflasche öffnet

Es ist zwar nicht unbedingt die sicherste Methode, dennoch ist das Öffnen einer Flasche Schaumwein nach Art der Formel-1-Fahrer mit Abstand immer noch die beliebteste.

Diese Tradition reicht zurück in die 1960er Jahre, als Dan Gurney – der soeben in Le Mans gewonnen hatte und nur wenig Französisch sprach – als Zeichen der Dankbarkeit das Zweitbeste tat und die Siegesflasche Moët über seinem Team leerte. Bis auf das Rennen im islamischen Bahrain wird die Tradition bis heute in Ehren gehalten.

Die „Knall-und-spritz-Methode" mag ja Spaß machen, Tatsache ist, dass in einer Flasche Schaumwein oder Champagner ein Druck von bis zu 6 Atmosphären herrscht, etwa dreimal so viel wie in einem Autoreifen. Es ist daher nicht besonders erstaunlich, dass in Großbritannien pro Jahr etwa 70 Menschen mit Augenverletzungen in der Notaufnahme landen – Grund: der unkontrollierte Abgang eines Schaumwein- und Champagnerkorkens.

„Ein ‚Seufzer' ist cool, knallen lassen ist out."

Wer bei einer Flasche, die unter Druck steht, den Korken entfernt, muss mit etwas Vorsicht zu Werke gehen. Etwa so:

Erläuterung

1 Die Flasche stets vom Körper weg-richten (aber nicht auf andere zielen!).

2 Das Reißband suchen und die Folienkapsel damit gegen den Uhrzeigersinn aufreißen. Kapsel entfernen.

3 Die eingeklappte Drahtschlaufe abklappen, aber noch nicht aufdrehen.

4 Den Daumen fest auf den Korken drücken. Dort bleibt er bis zum befreienden Ende der Prozedur.

5 Die Drahtschlaufe aufdrehen und lockern, ohne den Drahtkäfig abzunehmen. Der Daumen bleibt immer fest auf dem Korken.

6 Die Hand fest um den Korken legen. Die andere Hand hält die Flasche am Boden fest. Den Korken hin und her drehen und dabei langsam heraus-ziehen. Zuletzt den Korken sanft aus dem Hals gleiten lassen – dabei etwas Gegendruck ausüben. Ein „Seufzer" ist cool, knallen lassen ist out.

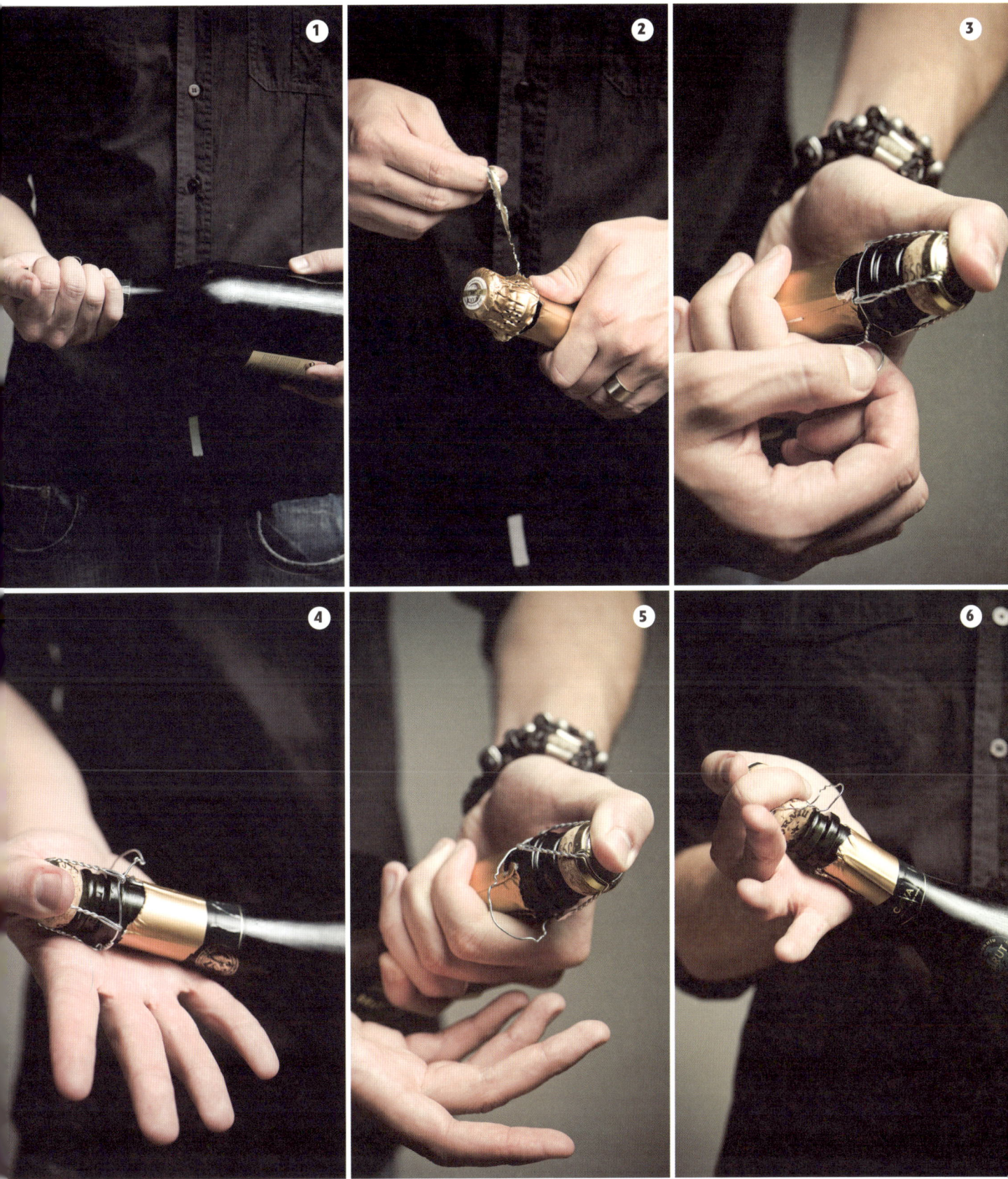

Wie man eine Flasche Wein öffnet

Der Gedanke, jemand müsste einem erklären, wie man eine Flasche Wein öffnet, klingt fast so lächerlich, als müsste man sich zeigen lassen, wie man sich die Schuhe zubindet. Und doch ist es erstaunlich, wie viele es immer noch falsch machen.

Neben der Tatsache, dass es das Leben erleichtert, verringert man auch die Verletzungsgefahr – jeder, der sich schon einmal mit einem Korkenzieher verletzt hat, wird mir zustimmen. Auf jeden Fall dann, wenn man zur Praxis übergeht. Ich verwende meist ein Kellnermesser, auch Sommelier-Korkenzieher genannt – mein bevorzugtes Arbeitsgerät –, aber jeder Korkenzieher ist in Ordnung, solange die Spitze wirklich spitz ist (sonst spaltet sie den Korken).

Also: Ich weiß, Sie wissen, wie es geht, aber nur einmal, um endgültig alle Missverständnisse aus dem Weg zu räumen: So öffnen Sie eine Flasche Wein.

Erläuterung >>

1 Halten Sie die Flasche mit Ihrer nicht bevorzugten Hand fest, den Korkenzieher nehmen Sie in die andere. Dann entfernen Sie den oberen Teil der Folien- oder Kunststoffkapsel – es muss nicht die gesamte Kappe entfernt werden, nur etwa der oberste Zentimeter. Dazu die Folie mit dem Kapselschneider (am Korkenzieher) unter dem Wulst am Flaschenhals ringsum einschneiden.

2 Setzen Sie die Spirale in der Mitte auf den Korken auf und drehen Sie sie mit sanftem Druck ein, bis sie ganz im Korken steckt.

3 Setzen Sie die ausklappbare Stütze auf dem Flaschenhals auf und halten Sie sie mit dem Daumen fest. Nun ziehen Sie den Hebel hoch (zum Körper hin). Ziehen Sie zunächst sanft, bis Sie spüren, dass sich der Korken bewegt, dann mit mehr Kraft.

4 (Wer einen Sommelier-Korkenzieher verwendet wie den gezeigten, kann nun die zweite Stütze ansetzen, wiederum vom Daumen gesichert.) Den Hebel in einer Bewegung weiter hochziehen, bis der Korken die Flasche verlassen hat.

Was tun, wenn der Korken abgebrochen ist?

Kein Grund zur Panik. Je nach dem Zustand des Korkens und der Stelle, wo er gebrochen ist, gibt es einige Möglichkeiten, zum Wein zu kommen.

1. Alte Korken

Alte Korken sind mitunter sehr brüchig und zerbröseln beim Versuch, sie aus der Flasche zu ziehen.

Wenn das passiert, sollte man einen Dekanter, eine Taschenlampe und ein sauberes Musselintuch zur Hand haben. Eine Kerze tut es auch, genau wie ein anderer sehr dünner, lose gewebter Baumwollstoff (etwa eine Windel).

Stellen Sie die Taschenlampe aufrecht auf eine ebene Fläche, befestigen Sie das Tuch mit einem Gummiring über dem Flaschenhals und gießen Sie den Inhalt ganz langsam in den Dekanter.

Abgesehen von den Korkenbröseln könnte sich auch – wie häufig bei alten Weinen – ein Bodensatz in der Flasche gebildet haben. Er sollte nach Möglichkeit in der Flasche bleiben. Wie beim normalen Dekantieren können Sie mithilfe der Lampe bestimmen, wann Sie mit dem Gießen aufhören, und so vermeiden, dass das Depot in den Dekanter gelangt.

2. Neue Korken

Wenn ein neuerer Korken abgebrochen ist, gibt es zwei Möglichkeiten.

Erstens kann man versuchen, zu operieren – meine bevorzugte Methode. Dazu kann man so ziemlich alle Utensilien nützen, die die Küchenschublade hergibt, um den Rest des Korkens herauszuangeln.

Alternativ kann man den Korken einfach mit dem Stiel eines Kochlöffels (sehr vorsichtig und langsam!) in die Flasche hineindrücken.

Wenn der Korken in der Flasche ist, gießen Sie den Wein, wie gehabt, sorgfältig in einen Dekanter.

Wein verkosten

Lernen, wie man Wein verkostet, ist ein bisschen wie Sex. Nicht buchstäblich natürlich, aber zu Beginn ist es auch da alles ein wenig unbeholfen, und je mehr Sie üben, desto besser werden Sie aller Wahrscheinlichkeit nach. So heißt es doch zumindest.

Und so albern und fremdartig all das Schnüffeln, Schwenken, Schlürfen und Spucken auch scheinen mag, die Ausdauer lohnt sich: Wer lernt, richtig zu verkosten, lernt auch mehr über Wein. Und wenn ich es kann, dann kann es doch jeder, oder?

Füllen Sie also zunächst ein Glas zu einem Viertel mit Wein. Folgen Sie dann den Anweisungen, die ich auf den nächsten Seiten gebe. Die Verkostung lässt sich in drei Bereiche teilen: Mit den Augen prüfen Sie, ob der Wein sauber und klar ist, mit der Nase suchen Sie nach Aromen und den Anzeichen der Reife, mit dem Mund führen Sie dem Wein Luft zu und erforschen seinen Geschmack.

Wenn Sie diese Bereiche zusammenführen, sind Sie in der Lage, aus jedem Glas, das Sie zum Mund führen, das Optimum herauszuholen.

Sie brauchen Ihre Augen

Ein viertel Glas Wein hat nur einen geringen Spaßfaktor, ich weiß. Mit so wenig Inhalt können Sie das Glas jedoch zur Seite neigen und es auch kräftig schwenken, ohne wertvollen Inhalt zu verschütten – hoffe ich.

Farbbegriffe

• Rotwein: Betrachten Sie den Wein zunächst in der Mitte des Glases, dann am Rand. Die Farbskala roter Weine reicht von einem tintigen Fastschwarz über Purpurrot, Rubin- und Granatrot bis zu Mahagoni und Braun.
• Weißwein: Er sollte kristallklar sein und glänzen. Die Palette umfasst Farbtöne von Wasserhell (nahezu farblos) und Grünlich, Strohgelb und Zitrone bis hin zu Gold und Bernstein.
• Rosé: Achten Sie auf die Tiefe der Farbe. Ein intensives Rosa oder Pink verweist auf einen guten Zustand. Die Farbe variiert zwischen Koralle, Lachs und Rosa.

Fassen Sie das Glas am Stiel und halten Sie es vom Körper weg, zu etwa 45° geneigt, das Ganze vor einem weißen Untergrund und bei gutem Licht von oben. Die Betrachtung eines Glases Wein kann einem nur Folgendes verraten: Abgesehen vom eindeutigen „Rot" oder „Weiß" kann sie Hinweise darauf geben, um welche Rebsorte es sich handelt, wie der Wein gemacht wurde, wie alt er ist und in welchem Zustand.

Die Farbe des Weins

Die Farbe selbst sagt nichts über die Qualität aus, nur sollte sie bei einem jungen Wein leuchtend und kräftig sein. Bei den Roten reicht die Palette von einem hellen Kirschrot bis zum tiefen Purpurrot oder Violett, die Weißen zeigen sich mit einem kräftigen Gold bis zu Strohgelb und sogar Grün, einige sind aber auch so blass, dass sie fast wasserhell erscheinen. Beim Altern neigt Rotwein dazu, bräunlich und heller zu werden, Weißweine werden hingegen dunkler.

Der Zustand des Weins

Beim Kauf von jungem Wein verhält man sich am besten wie beim Kauf von Fisch – leuchtend und glänzend sollte er sein statt trüb und stumpf. Aber Vorsicht! Einige Sorten sind von Natur aus von dunklerer Farbe als andere, auch werden Weine heute zunehmend unfiltriert abgefüllt. Beides kann zu der Annahme verleiten, der Wein sei älter, als er tatsächlich ist, oder noch schlimmer, er sei nicht mehr trinkbar. Unfiltrierte Weine sind nicht so leuchtend und klar, sie erscheinen als etwas dunkler. Ein Weißwein, der aufgrund vorzeitiger Oxidation nicht mehr trinkbar ist, ist dunkler, ein Rotwein heller.

Erläuterung >>

1. Wasserhell
2. Blassgelb
3. Goldgelb
4. Bronzegelb
5. Dunkles Purpurrot
6. Kirschrot
7. Ziegelrot
8. Granatrot

Sie brauchen Ihre Nase

Kein Sinn ist bei der Verkostung eines Weins wichtiger als der Geruchssinn. Im oberen Teil der Nasenhöhle, genau hinter den Augen, liegen das Riechfeld und der Riechnerv – das Zentrum für Geruch und Geschmack.

Aromabegriffe

Hier geht es um ganz persönliche Urteile. Behalten Sie im Gedächtnis, was Sie bei einem Wein riechen, damit Sie bei späteren Verkostungen vergleichen können. Fruchtaromen bedürfen keiner Erläuterung, aber auch folgende Aromen gibt es:

- Tabak
- Leder
- Gewürze
- Nüsse
- Kräuter
- Erde
- Tiere
- Bauernhof
- Mineralien
- Rauch
- Blumen
- Eukalyptus
- Gras
- Oliven
- Kerosin
- Honig
- Schokolade
- Teer
- Vanille
- Butter
- Toast

Der Riechnerv stellt die Kommunikation zwischen den Geschmacks- und Geruchseindrücken und dem Gehirn her. Schmecken Sie Beeren, dann meldet er das dem Gehirn. Der Toast riecht angebrannt? Das Gehirn ist rasch informiert. Aus dem Grund ist es wirklich wichtig, sich etwas Zeit zu nehmen und zu riechen, was sich im Glas befindet.

Fassen Sie das Glas am Stiel und riechen Sie. Nicht schwenken, lediglich das Glas zur Nase führen und riechen. Nun riechen Sie wieder, diesmal schwenken Sie aber vorher das Glas kräftig. Suchen Sie sich dazu eine ebene Fläche, etwa einen Tisch, und fassen Sie das Glas am Stiel, wie einen Bleistift. Das Glas in Bewegung setzen, zunächst in kleinen Kreisen im Uhrzeigersinn, als würden Sie es um eine Münze führen. Dann nach Möglichkeit etwas schneller werden.

Duftmoleküle lösen sich ständig von der Oberfläche des Weins. Durch das Schwenken wird die Oberfläche stark vergrößert und der Wein durchmischt, entsprechend gibt es – hoffentlich – mehr zu riechen. Wie weit Sie dabei das Glas von der Nase entfernt halten, ist jedem selbst überlassen, Regeln gibt es hier nicht. Also los geht's – ein kleiner Schwenk und dann eine gute Nase voll nehmen. Und, spüren Sie einen Unterschied?

Was Sie mit der Nase zu identifizieren suchen sollten, sind Aromen von Früchten und anderen Dingen sowie Weinfehler (die hoffentlich selten bleiben werden). Fruchtaromen bedürfen keiner weiteren Erläuterung, die anderen doch (siehe Kasten links) – einige entstehen bei der Herstellung, andere sind für bestimmte Rebsorten typisch.

Und schließlich: Wer nichts riecht, sollte sich keine Sorgen machen. Möglicherweise ist der Wein zu kalt. In diesem Fall umschließen Sie das Glas einige Minuten lang mit den Händen. Es kann auch einfach nur am Wein liegen – bei manchen Weinen lässt sich leider nicht wirklich ein besonderer Geruch ausmachen. Auf jeden Fall sollten Sie das Glas ein weiteres Mal schwenken und nochmals riechen. Wie oft Sie letztlich an einem Wein riechen, ist nicht festgelegt. An einigen müssen Sie nur ein einziges Mal riechen, andere verändern sich im Glas, und Sie können sie sich immer wieder aufs Neue vornehmen.

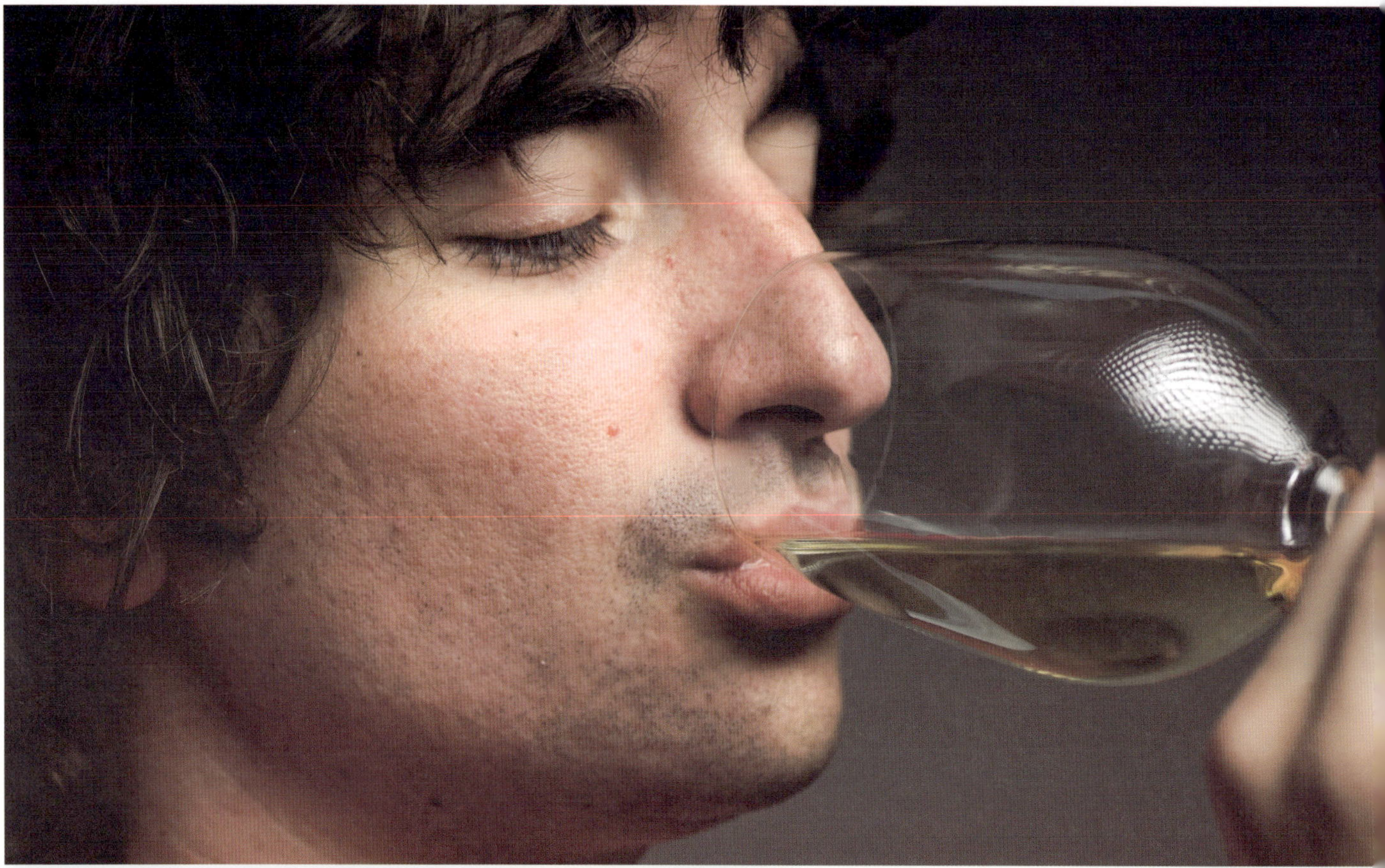
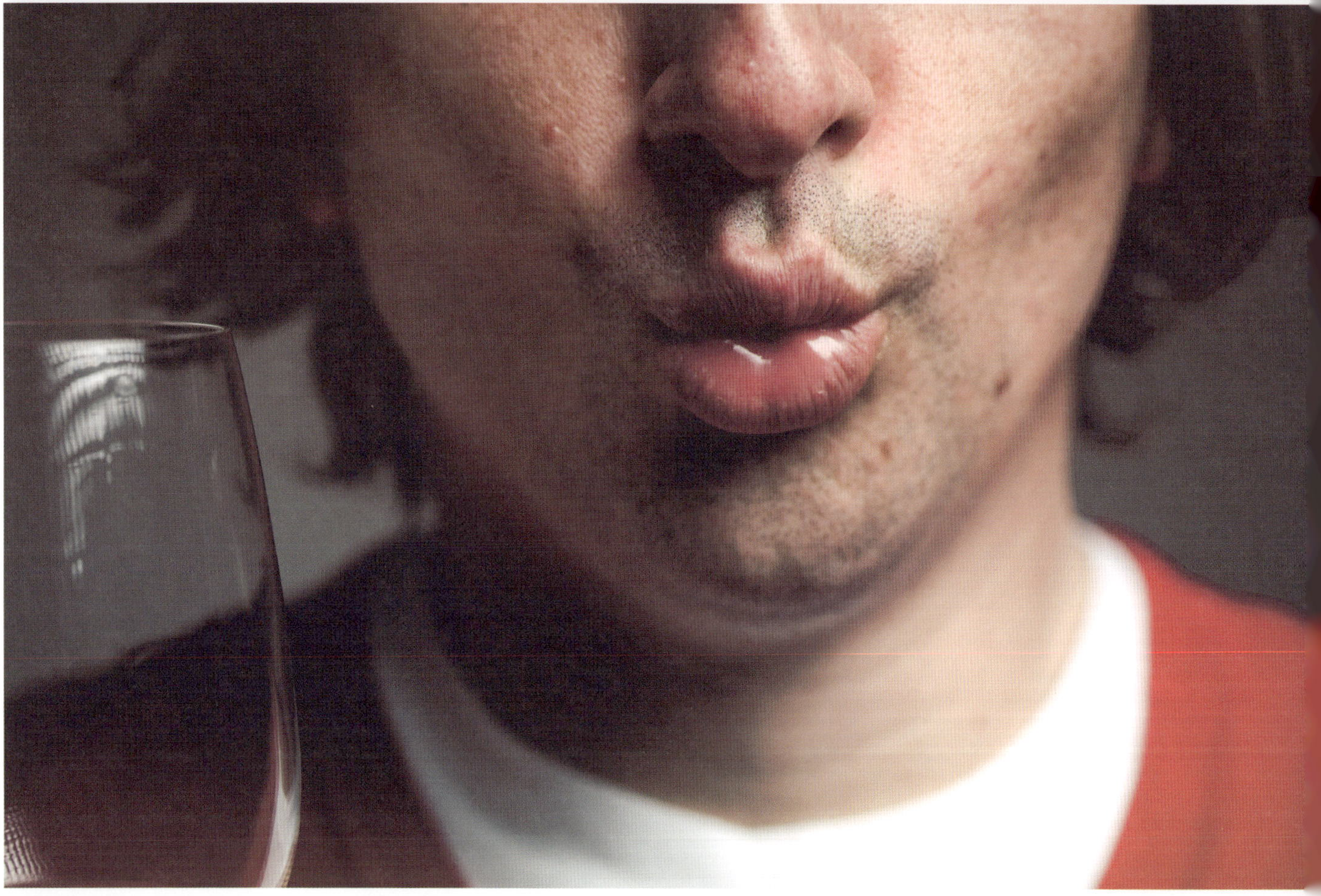

Und, natürlich, Ihren Mund

Der Geschmackssinn schließt die Verkostung ab. Er bestimmt zwar größtenteils nur das näher, was wir bereits mit dem Geruchssinn festgestellt haben; sein großes Plus ist jedoch, dass er die Beschaffenheit und außerdem Zucker, Säure und Tannin wahrnehmen kann.

Die Beschaffenheit eines Weins, auch als Textur oder Struktur bezeichnet – die Art, wie er sich im Mund anfühlt –, ist wirklich wichtig. Wein kann sich im Mund fein und seidig anfühlen, er kann schlank und ernst, ölig und rund oder grob und aggressiv wirken. Über Geruch und Geschmack hinaus hat dies für Ihren Gesamteindruck von dem Wein einen nicht zu unterschätzenden Einfluss.

Die Zunge lässt sich in drei Bereiche einteilen: Vorne schmecken Sie salzig und süß, an den Seiten und in der Mitte nehmen Sie Säure wahr, und hinten schmecken Sie Alkohol und Tannin (siehe dazu nächste Doppelseite). Und fast wie ein Echo hallt ein großer Wein lange nach, er „klingt" auch noch, nachdem Sie ihn längst hinuntergeschluckt haben.

Nehmen Sie einen kleinen Schluck – etwa einen halben Mundvoll, das ist perfekt. Statt ihn hinunterzuschlucken, lassen Sie ihn einmal kräftig im Mund kreisen. Versuchen Sie gleichzeitig etwas Luft einzusaugen (ohne zu kleckern). Es ist wie Pfeifen, nur umgekehrt. Das Schwenken im Mund vermittelt einen guten Eindruck vom Geschmack und der Beschaffenheit des Weins, durch die zusätzliche Luft wird noch mehr Aroma freigesetzt.

Worauf Sie beim Wein achten sollten

Wenn Sie den Wein im Mund haben, versuchen Sie seinen „Körper" zu bestimmen: Ist er leicht wie Wasser oder schwer wie ein Guinness? Achten Sie auf Folgendes:

1. Geschmack
Ist der Wein süß, sauer, bitter, salzig, trocken oder scharf?

2. Textur
Ist er mineralisch wie Wasser aus einem Bach oder ölig wie, sagen wir, Olivenöl?

3. Ausgewogenheit
Mit „Ausgewogenheit" oder „Balance" meine ich, dass ein Wein sich als Summe seiner Charakteristika darstellt, die sich nahtlos ineinanderfügen sollten – wie wenn Sie ein Puzzle aus der Ferne betrachten und die Einzelteile nicht mehr ausmachen können, oder wie ein Orchester, bei der jeder Einzelne mit den anderen harmoniert.

4. Abgang
Unter „Abgang" oder „Länge" versteht man die Dauer des Geschmackseindrucks, den ein Wein nach dem Schlucken hinterlässt.

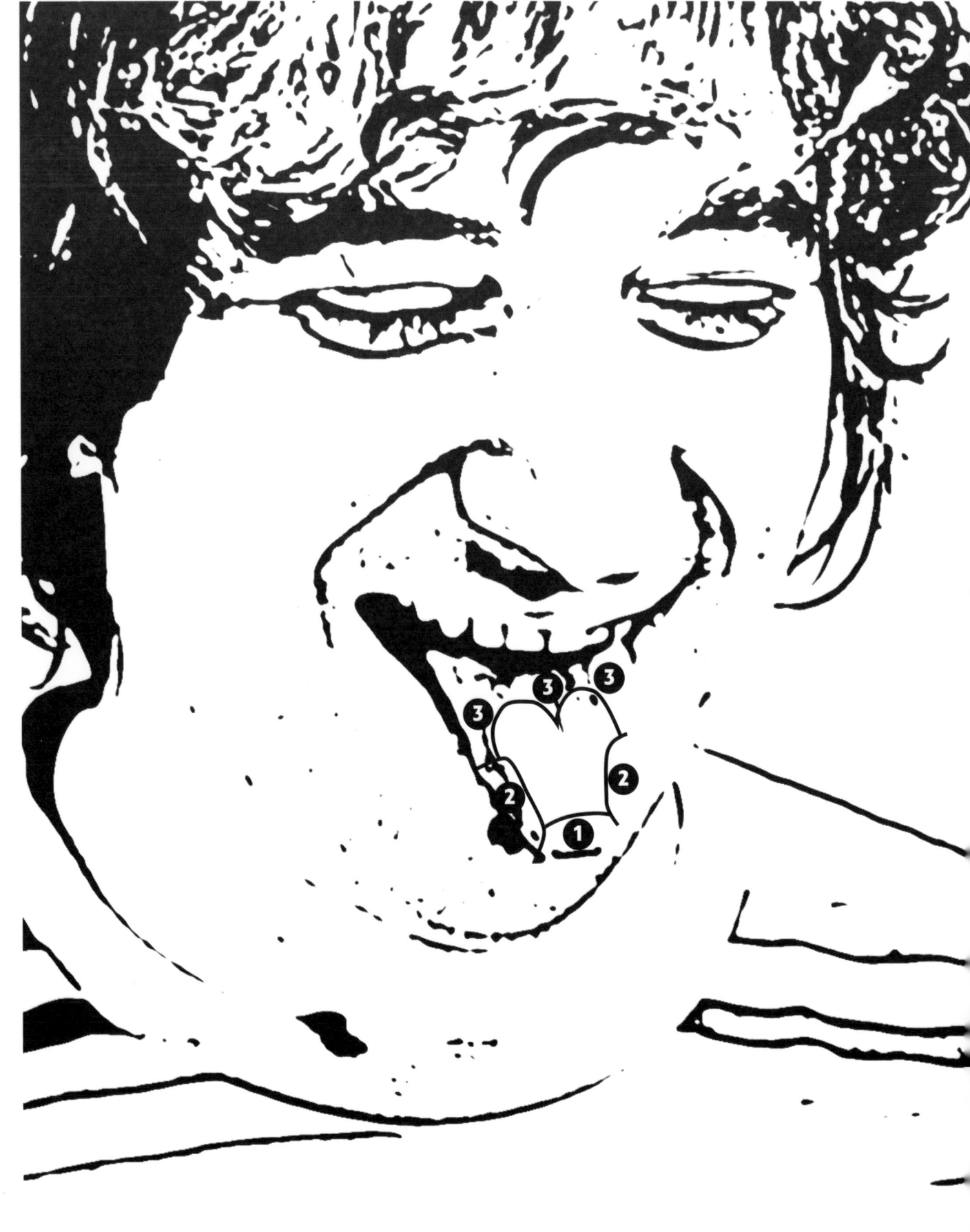

Was Sie wo schmecken

Mit etwa 10 000 Sinneszellen, die sich auf der Zunge und in der Mundhöhle verteilen, gleicht der Geschmackssinn einem „Big-Brother-Haus" der Sinne.

Bei unserem Geschmackssinn sind die Kameras und Mikrofone jedoch durch ein Heer mikroskopisch kleiner Rezeptoren ersetzt, die jedes kleinste Aroma und alle anderen Eindrücke registrieren, die wir unserem Mund zuführen. Deshalb ist es so wichtig, den Wein im ganzen Mundraum zu verteilen, indem Sie ihn einmal im Mund kreisen lassen, damit auch nichts unbemerkt bleibt.

> „Säure wird als stechendes Gefühl an den Seiten der Zunge wahrgenommen."

Hier gebe ich Ihnen einen kurzen Überblick, was wo geschieht.

Erläuterung  <<

 Salzig und süß

 Sauer

3 Alkohol, Tannine

Süße

Naschkatzen dürften sich hier nicht schwertun. Süße nehmen Sie mit der Zungenspitze wahr. Wenn der hohe Zuckergehalt eines Weins nicht durch ein entsprechendes Maß an Säure ausgeglichen wird, überdeckt er alle anderen Geschmackswahrnehmungen; der Wein fühlt sich klebrig-zäh an. Die besten Süßweine der Welt zählen denn auch zu den gelungensten Beispielen für ein ausgewogenes Verhältnis von Zucker und Säure.

Säure

Hier geht es um Säuren, die uns nicht schaden. Säure wird als stechendes Gefühl an den Seiten der Zunge wahrgenommen. Einige Weine besitzen besonders viel Säure, sodass uns das Wasser im Mund zusammenläuft. Dieses Maß an Säure nimmt man besonders in der hinteren Mundpartie wahr. Gute deutsche Rieslinge besitzen daher oft mehr oder weniger Restsüße, die die Säure ausgleichen.

Tannine

Tannine sind Gerbstoffe, die aus den Kernen und Schalen der Trauben stammen, vor allem denen roter Trauben. Auch Wein, der länger in Holzfässern ausgebaut wurde, enthält Tannine. Sie verursachen ein pelziges, ausgetrocknetes Gefühl, das im extremsten Fall den gesamten Mund ausfüllt. Tannin ist auch in Hopfen und Tee enthalten, besonders in schwarzem und grünem Tee, der lange gezogen hat. Geschmeckt werden die bitteren Tannine am Zungengrund.

Körper

Von Körper ist die Rede, wenn der Geschmackssinn zu einer Sammlung von Waagen wird und Gewicht und Volumen des Weins im Mund bestimmt. Weine mit höherem Alkoholgehalt fühlen sich im Mund meist schwerer an als Weine mit weniger Alkohol.

Textur

Ähnlich wie die Ausgewogenheit ist die Struktur ein Zusammenspiel von Eindrücken, einschließlich Süße, Säure, Alkohol und Tannin. Struktur ist der Gesamteindruck, der aus der Verbindung all dieser Eindrücke entsteht.

Alkohol

Alkohol spüren Sie hinten im Mundraum. Er macht sich als ein warmes Gefühl bemerkbar, das zunimmt, wenn es nicht in einem ausgewogenen Verhältnis zum Körper des Weins steht. Wein mit ausgeprägten Fruchtaromen verträgt einen höheren Alkoholgehalt als weniger fruchtbetonter Wein.

Wie man einen Weinfehler erkennt

Leider ist nicht jede Flasche Wein makellos. Es gibt zwei wesentliche Fehler, auf die Sie achten sollten, wenn Sie eine Flasche öffnen: Korkgeschmack und Oxidation.

Der Wein hat einen Fehler – was nun?

• Bringen Sie den Wein zurück. Wenn Sie eine Flasche Wein kaufen und feststellen, dass er fehlerhaft ist – egal ob zu Hause, im Restaurant oder unterwegs –, bringen Sie sie zurück. Jedes Restaurant und jeder Händler, der etwas auf sich hält, hat mit seinen Lieferanten (und die wiederum mit den Erzeugern) vereinbart, dass fehlerhafter Wein ersetzt wird. Darüber müssen Sie nicht lange nachdenken, selbst wenn Sie nicht zu 100 % sicher sind.
• Leiden Sie nicht still. Statistiken zufolge sollte es mehr fehlerhafte Flaschen geben als tatsächlich bekannt. Offensichtlich ziehen die meisten es vor, still vor sich hin zu leiden, als eine „Affäre" daraus zu machen. Machen Sie Ihrem Unmut Luft!
• Handeln Sie unverzüglich. Ich war lange Zeit sowohl im Weinhandel als auch im Restaurant tätig, und aufgrund meiner Erfahrungen möchte ich hier deutlich warnen: Bringen Sie keine Flasche zurück, die fast leer ist oder die Sie schon ein halbes Jahr im Schrank haben – das wird mit gutem Grund nicht akzeptiert.

RECHTS Ein oxidierter, „gekippter" Weißwein hat eine dunklere Farbe angenommen, er wird goldgelb oder sogar hellbraun. Ein Rotwein wird hingegen heller und nähert sich (von der anderen Seite) braunen Farbtönen.

Korkfehler

Einen Korkgeschmack sehen Sie einem Wein nicht an. Es bedeutet nicht, dass sich Schimmel am Korken gebildet hat oder dass Korkstückchen im Wein treiben – nein, Korkgeschmack riechen Sie. In eindeutigen Fällen hat Wein mit diesem Fehler ein unverwechselbares Aroma von nasser Pappe und Schimmel. Wer es einmal gerochen hat, vergisst es nie wieder. Das Problem ist jedoch, dass nicht jeder Korkfehler so eindeutig erkennbar ist, und selbst für die besten Verkoster kann es wirklich schwierig sein zu entscheiden, ob ein Wein nach Kork schmeckt oder nicht. Probieren sollten Sie den Wein auch: Korkgeschmack nimmt dem Wein seine Frucht, sodass er nicht nur flach riecht, sondern auch so schmeckt. Je länger Wein mit Korkgeschmack im Glas steht, desto deutlicher wird er.

Oxidation: Firne und Luftton

Oxidation ist das Ergebnis von zu viel Sauerstoff im Wein. Nicht völlig dicht schließende Verschlüsse lassen kleine Mengen Luft und damit Sauerstoff an den Wein, was die Reifung oder Alterung fördert. Tritt zu viel Sauerstoff zum Wein, altert (oxidiert) er vorzeitig. Im Gegensatz zu einem Wein mit Korkgeschmack ist ein Wein mit einer solchen „Firne" auch optisch zu erkennen, besonders Weißwein, der im schlimmsten Fall einen tiefen Gold-Kupfer-Ton annimmt; Rotwein wird heller und meist braun. Am eindeutigsten erkennen Sie einen oxidierten Wein jedoch am Geruch: Da er seine schönen Aromen vollkommen eingebüßt hat, bleibt von dem Wein nicht viel mehr übrig als eine essigähnliche Flüssigkeit.

Der aktuelle Trend, bei der Abfüllung weniger Schwefeldioxid zu verwenden, hat ebenfalls zu einer wachsenden Zahl oxidierter Weine geführt. Hier spielen jedoch andere chemische Mechanismen eine Rolle, sodass man von einem „Luftton" spricht; für den brotartigen, unangenehmen Geruch ist freies Acetaldehyd verantwortlich.

Andere Weinfehler

Darüber hinaus gibt es einige weniger häufige Weinfehler. Schwefelwasserstoff tritt häufig auf in Wein, der in stickstoffarmer Umgebung ausgebaut wurde – der Wein riecht nach faulen Eiern. Als weitere Folge der Oxidation können Essigsäure und Ethylacetat einen Geruch nach Essig und Nagellack entstehen lassen. Bakterienbefall wie Brettanomyces (die auf mangelnde Hygiene im Weinkeller zurückzuführen sind) lässt den Geruch nach Wundpflaster oder Pferdeschweiß entstehen – super!

Wie beschreibt man, was wir riechen und schmecken?

Wörter. In der Welt des Weins verwenden wir entsetzlich viele Wörter: großspurige, fantasievolle, verwirrende Wörter. Wörter, die unter normalen Umständen – also außerhalb des Weinuniversums – für uns Normalsterbliche wahrscheinlich etwas ganz anderes bedeuten.

Wörter wie wuchtig, harmonisch, fruchtig, blumig, fett, holzig, rassig, komplex, verhalten, verschlossen, Abgang, lieblich und sexy. Sie sehen, was ich meine? Die Sprache des Weins ist es doch, die fast am meisten einschüchtert. Aber in Sachen Wein ist wichtig zu wissen, wovon Sie sprechen, vor allem beim Kauf. Sie müssen keineswegs alle Wörter kennen, aber mit den wichtigsten Verkostungsbegriffen per du zu sein ist durchaus eine große Hilfe. Hier sind zehn ganz wichtige als Einstieg.

Säure
Es gibt im Wein verschiedene Arten von Säuren. Jene, die Sie schmecken, verleihen ihm einen frischen Charakter und sorgen für ein ausgewogenes Verhältnis von Süße und Säure im Wein. Die Säuren, die Sie riechen (flüchtige Säuren), können in manchen Fällen das Aroma eines Weins besser zur Geltung bringen, etwa bei Madeira und Amarone.

Ausgewogenheit
Unter dem Begriff versteht man die Beziehung zwischen den einzelnen Eigenschaften eines Weins. Für mich ist Wein ein wenig wie ein Orchester: Ziel ist es, dass alle Mitglieder aufeinander hören und „miteinander" spielen.

Körper
Dieser Begriff bezieht sich auf das Gewicht, die Fülle eines Weins im Mund. Ein Wein kann als leicht, mittelschwer oder körperreich bezeichnet werden. Der Körper ist eine unmittelbare Folge des Alkoholgehalts eines Weins: Mehr Alkohol – mehr Glycerin – bedeutet größere Zähflüssigkeit oder ein größeres Gewicht.

Bukett
Ein etwas altmodischer Begriff, unter dem man den gesamten Geruchseindruck eines Weins versteht. Heute spricht man meist einfach von „Aroma".

Reintönig
Mit diesem Begriff wird ein Wein mit eindeutigem Sortencharakter oder einem klaren Aroma beschrieben. Diese Eigenschaft ist meist das Ergebnis moderner Weinbereitungsmethoden.

Verschlossen
Nein, hier ist nicht der Korken in der Flasche geblieben. Ein verschlossener Wein verströmt wenig Duft – vielleicht eine Folge der Lager- oder der Transportmethode, vielleicht aber auch einfach nur seines geringen Alters. Viele junge Weine, besonders französische, sind nach dem Abfüllen eine ganze Zeit „verschlossen".

Fruchtig
Fruchtig wird häufig als „süß" missverstanden. Der Begriff bezieht sich jedoch auf den Duft nach Früchten oder speziell nach dem Aroma der verwendeten Traubensorte („Primäraroma").

Abgang
Wie lange Sie einen Wein nach dem Schlucken noch im Mund schmecken, bezeichnet man als Abgang. Dieser kann kurz oder lang ausfallen („Länge").

Eindruck im Mund
Wie der Begriff bereits besagt: Es ist die Art und Weise, wie sich ein Wein im Mund anfühlt. Meist ein Ergebnis des Zusammenspiels von Tannin, Säure, Glyceringehalt und Aroma.

Tanninbetont
Mit diesem Begriff bezeichnet man den bitteren, adstringierenden Geschmack, den Rotwein verursachen kann. Die Tannine (Gerbstoffe) tragen ebenfalls zur Ausgewogenheit eines Weins bei.

LINKS UND FOLGENDE SEITEN Die Fotos sind als kleine visuelle Hilfe gedacht, damit es Ihnen bei der nächsten Verkostung leichter fällt, die Aromen und Geschmacksnoten zu identifizieren, die sich in einem Wein finden lassen. Vielleicht können Sie ja einige davon bis zum nächsten Öffnen einer Flasche im Gedächtnis abspeichern.

Essen

Versuch und Irrtum

Essen, herrliches Essen — noch besser wird es durch einen gut ausgewählten Wein. Essen und Wein richtig zu verbinden, dazu gehört etwas Kunst und ein wenig Wissenschaft, vor allem aber viel Versuch und Irrtum. Und natürlich auch eine Portion Leidenschaft, denn das alles braucht einen langen Atem.

Mein Ansatz ist im großen Ganzen unakademisch. Ich verstehe zwar das Prinzip hinter dem, was ich tue, bin aber kein Wissenschaftler, und ich verlasse mich bei der Kreation gelungener Kombinationen vor allem auf meinen Instinkt und etwas Glück. Sie wissen doch, aus Fehlern lernt man letzten Endes am meisten.

Vor langer, langer Zeit war es so einfach, Essen und Wein aufeinander abzustimmen: Rotwein zu rotem Fleisch und Weißwein zu allem anderen. Konservative Zeiten waren das, und die eisernen Regeln waren nicht dazu da, gebrochen zu werden.

Aber die Zeiten haben sich geändert. Wir aßen und tranken, wir reisten, beobachteten und lernten. Allmählich wurden wir etwas wagemutiger, und wir bekamen schließlich auch ein wenig Selbstvertrauen.

Wir wollten mehr wissen über das, was wir aßen, und genauso über den Wein. Es war nur noch eine Frage der Zeit, bis wir die zwei zusammenbrachten.

Im Universum der Möglichkeiten, Essen und Wein zu verbinden, gibt es Menschen, die penibel dem Lehrbuch folgen, und solche, die das Lehrbuch nur allzu gern anzünden. Welcher Fraktion Sie auch angehören, vergessen Sie nicht: Es geht hier weit weniger um die Farbe des Weins, sondern um die Balance von Aromen und Texturen, die sich zu einem Ganzen zusammenfügen sollen.

Das ist das Wesentliche, worum es bei der Verbindung von Essen und Wein geht. Wenn Sie das schaffen, steht Ihnen der kulinarische Himmel auf Erden offen.

Die Regeln

Seitdem wir essen und trinken, scheiden sich die Geister bei der Frage nach der Verbindung von Essen und Wein. Geht es oder geht es nicht? Hat es funktioniert oder nicht? Müssen wir uns darum überhaupt Gedanken machen?

Wenn es darum geht, Essen und Wein zu kombinieren, gibt es unterschiedliche Schulen. Es gibt Traditionalisten, die alles beim Alten belassen: fein säuberlich in den gewohnten Kombinationen. Dann gibt es die Nonkonformisten, die lieber die Regeln brechen. Und es gibt eine neue Generation: Sie versteht und respektiert die klassischen Kombinationen, hat aber auch Spaß daran, Grenzen zu verschieben.

Und natürlich gibt es die große Gruppe derer, denen das alles herzlich egal ist.

Ich finde das alles völlig in Ordnung. Welchem Lager Sie sich auch zuordnen, die Kombination von Essen und Wein ist eine subjektive, persönliche Angelegenheit. Ich selbst zähle mich am ehesten zur neuen Generation: Ich liebe klassische Kombinationen, ich liebe es aber ebenso sehr, von Zusammenstellungen überrascht zu werden, die ich niemals für gut gehalten hätte.

Ich halte mich an folgende Regeln. Achten Sie auf das „Gewicht" des Essens und des Weins. Balancieren Sie die beiden so gut aus wie möglich.

Dies ist die Grundlage der Zusammenstellung. Suchen Sie nun nach Aromen, die sich ähneln oder aber zueinander komplementär sind, sich gegenseitig ergänzen. Konzentrieren Sie sich anschließend auf die Struktur und darauf, wie Säure, Tannin, Süße und Temperatur des Weins das jeweilige Gericht unterstützen oder es im Gegenteil (zer)stören.

Dies alles ineinandergreifen zu lassen, ist der schwierigste Teil, oft aber entstehen so die besten Kombinationen.

Im folgenden Abschnitt erläutere ich meine Regeln für eine neue Art, Essen und Wein miteinander zu verbinden.

Gewicht

Noch vor dem Geschmack ist das „Gewicht" – das Gefühl, das ein Gericht und ein Wein im Mund vermitteln – der Schlüssel zur richtigen Kombination.

Versuchen Sie als Erstes, das Gewicht von Wein und Essen aufeinander abzustimmen, damit sie sich nicht gegenseitig übertönen.

„Je schwerer das Essen, desto schwerer sollte auch der Wein sein."

Denken Sie an frisch aufgebrochene Austern mit Champagner, an gegrillten Fisch mit einem Glas frischem trockenem Weißwein, einen Tomaten-Mozzarella-Salat mit einem Rosé, ein saftiges Steak mit einem richtig mächtigen Rotwein, an Süßwein mit Blauschimmelkäse. Je schwerer das Essen, desto schwerer sollte auch der Wein sein.

RECHTS Nehmen Sie sich einige Minuten Zeit, bevor Sie essen oder eine Mahlzeit planen, und überlegen Sie, welches Gewicht das Essen und der dazu servierte Wein haben. Die beiden sollten sich immer ebenbürtig sein: Der Wein sollte sich gegenüber dem Gericht behaupten können und umgekehrt.

Wie werden Gewichte kombiniert?

Ein ausgewogenes Verhältnis des Gewichts ist der Schlüssel zum Erfolg. Auf diese Weise werden die Feinheiten und besten Merkmale beider Partner hervorgehoben und nicht einseitig verschoben oder gar durch den „schwereren" Partner ruiniert. Wenn es hier um das Gewicht geht, sind nicht Gramm und Kilogramm gemeint, vielmehr das Gefühl, das ein Gericht und ein Wein im Mund vermitteln.

Überlegen Sie, wie sich Pfefferminztee im Vergleich mit einem Guinness anfühlen könnte. Das Bier fühlt sich eindeutig schwerer und „gewichtiger" an, oder?

(Ganz zu schweigen von dem deutlich angenehmeren Erlebnis am Gaumen und in der Kehle!)

Auf ähnliche Art ist ein gedünstetes Teil vom Huhn viel leichter, als wenn Sie es mit Rotwein, Zwiebeln, Speck und einem ordentlichen Stich Butter schmoren. Es ist wirklich so einfach. Wenn Sie diesen ersten Schritt beachten, ist die Hälfte schon geschafft!

Das Gewicht einiger beliebter Weine

Leicht
• Riesling
• Pinot Grigio
• Gamay

Mittel
• Sauvignon Blanc
• Merlot
• Pinot Noir

Schwer
• Chardonnay, im Eichenfass ausgebaut
• Cabernet Sauvignon
• Shiraz/Syrah

Geschmack

Wer verstanden hat, wie sich Aromen ergänzen können, weiß, worin der Unterschied zwischen einer guten und einer großartigen Kombination besteht.

Menschen mit einem überdurchschnittlichen kulinarischen Wissen starten hier eindeutig besser gerüstet. Die Fähigkeit, einzelne Aromen zu bestimmen, ist das eine, aber zu wissen, welche Aromen einander ergänzen, ist noch eine ganz andere Begabung. Hier sind Profiköche eindeutig im Vorteil. Allen anderen empfehle ich folgende Vorgehensweise.

Wie werden Aromen kombiniert?
Suchen Sie zunächst nach Gemeinsamkeiten im Geschmack eines Gerichts und eines Wein, nach „Anknüpfungspunkten", wie ich es nenne. Einige sind dabei leichter zu identifizieren als andere.

> „Suchen Sie zunächst nach Gemeinsamkeiten im Essen und im Wein, nach Anknüpfungspunkten."

Nehmen wir zum Beispiel das gute alte Brathähnchen mit seinem süßen, herrlich aromatischen Fleisch, das durch das langsame Garen im Ofen noch aromatischer wird. Nachdem Sie die Frage des Gewichts bereits im Griff haben, suchen Sie jetzt nach einem Wein mit einem passenden üppigen Aroma.

Gehen Sie dann noch einen Schritt weiter und denken Sie über ergänzende Aromen nach. Zu Huhn passen wunderbar Zitrone, Thymian, Knoblauch, Butter und Pilze, die mich wiederum alle an einen vollmundigen Weißwein denken lassen, vermutlich mit einer gewissen Holznote, und aller Wahrscheinlichkeit nach ist das ein Chardonnay.

Nicht immer wird es der Hauptbestandteil des Essens sein, der dem Wein Probleme machen kann. Vorsicht etwa bei Zitrone, Limette, Chilischoten und anderen Schwergewichten aus dem Gewürzregal. Und denken Sie daran, dass auch umgekehrt einige Weine eine Herausforderung für manche Gerichte darstellen – etwa Gewürztraminer, Viognier und andere aromatische Weine.

Aber schmökern Sie dazu auf den Seiten 108–112 und 120–129, auf denen ich meine Lieblingskombinationen verrate.

LINKS UND UNTEN Aromen richtig zu kombinieren ist eine überaus lohnende Aufgabe. Bedenken Sie die Hauptzutaten eines Gerichts als auch die Komplementäraromen; der Wein sollte es mit beiden aufnehmen können.

Säure

Jeder Wein enthält natürliche Säuren, die einen wesentlichen Teil seines Charakters ausmachen.

Säure trägt sehr zur Balance der Aromen eines Weins bei, sie verleihen ihm einen frischen Charakter, der einem gelegentlich das Wasser im Mund zusammenlaufen lässt. Als natürliches Konservierungsmittel unterstützt Säure auch die Reifung eines Weins. Säure können Sie im Wein weder riechen noch schmecken, Sie spüren sie einfach – ein leicht stechendes oder prickelndes Gefühl, das sich an den Seiten der Zunge bemerkbar macht.

„Ein wenig Säure im Essen ist gut, hat es zu viel davon, kann der Wein flach und langweilig erscheinen."

Wie stimmt man die Säure ab?

Jenseits der Abstimmung von Gewicht und Aroma gibt es einige andere Ingredienzien, die beim Zusammenspiel von Essen und Wein die Rolle von „Werkzeugen" übernehmen. Eines davon ist Säure. Als „sauer" oder „streng" bezeichnet, ist sie ein gutes natürliches Werkzeug zum Neutralisieren bestimmter Speisen, gleichzeitig wirkt sie reinigend und erfrischend. Denken Sie an einen salzigen gebackenen Fisch, der mit einem herrlich kalten Glas Schampus hinuntergespült wird. Die Säure im Wein dringt durch alle fettige Textur und neutralisiert sie, gleichzeitig erfrischt sie den Gaumen.

Im Gesamtkonzept ist die Suche nach einem Wein mit den richtigen „Werkzeugen" genauso wichtig wie die Wahl eines Weins mit passenden Aromen und dem passenden Gewicht. Einem Gericht kann Säure – in Form eines Spritzers Zitrone oder Limette oder eines Schusses Essig – bei der Zubereitung beigegeben werden. Ein wenig Säure im Essen ist gut, hat es aber zu viel davon, kann der Wein flach und langweilig erscheinen.

Dasselbe gilt für den Wein – ein Wein mit zu viel Säure tötet die Aromen im Essen. Das richtige Gleichgewicht zu finden ist die ganze Kunst.

Tannine

Tannine stammen von den Schalen und Kernen der Trauben. Sie sind eines der besten Werkzeuge für das Zusammenspiel mit herzhaften Gerichten.

Sie setzen Wasser auf. Es kocht. Sie brühen sich eine Kanne Tee auf, aber bevor Sie dazu kommen, die Teebeutel herauszufischen, klingelt das Telefon. Sie gehen ran, reden und vergessen völlig, was Sie vorhatten.

„Tannine verbessern die Farbe, Textur und Struktur eines Weins."

Wenn Sie dann endlich in die Küche zurückkommen, ist der Tee schwarz wie die Nacht, lauwarm und so bitter, wie es nur irgend geht. Was den Tee bitter macht, das ist das Tannin.

Tannine verbessern die Farbe, Textur und Struktur eines Weins. Sie kommen jedoch nicht in jedem Wein vor: Sie finden sich wesentlich häufiger in Rotwein, da der Rebensaft hier – anders als bei der Vinifizierung zahlreicher Weißweine – längeren Kontakt mit den Traubenschalen hat. Wie die Säure, so haben auch

Tannine weder Geruch noch Geschmack, nur eine gewisse Eigenschaft, die im deutlichsten Fall am hinteren Bereich der Zunge ein bitteres, adstringierendes (zusammenziehendes) Gefühl auslöst. Es sind die jeweilige Rebsorte und die Art der Weinbereitung, die in großem Maße bestimmen, ob die Tannine grob und rau anmuten oder samtig und glatt.

Wie wird Tannin abgestimmt?

Im Zusammenspiel von Essen und Wein zählt Tannin zu den wahren Helden. Wie Säure ist auch Tannin ein wirklich nützliches Werkzeug. Es dringt ebenfalls hervorragend durch größere Hindernisse wie Eiweiß und Fett.

Der rote Superstar Italiens, Sangiovese (die Hauptrebsorte im Chianti), ist ein gutes Beispiel. Aufgrund seines hohen Tanningehalts wird er selten solo getrunken; kombiniert mit einem herzhaften Gericht – Fleisch, Pasta oder alles, was etwas mehr Fett enthält –, werden Sie jedoch kaum einen traumhafteren Partner finden.

Tanningehalt in Wein

Gering
- Die meisten Weißweine
- Gamay
- Cabernet Franc

Mittel
- Tempranillo
- Malbec
- Grenache

Hoch
- Sangiovese
- Shiraz/Syrah
- Mourvèdre

Süße

Süße Gerichte fordern einen ebenso süßen Wein – wenn Sie eine gute Kombination finden, ist das eine himmlische Sache.

OBEN Süßwein gibt es in vielerlei Arten, etwa Marsala, der ähnlich wie Sherry erzeugt wird. Der Wein wird in großen Eichenfässern ausgebaut, was eine kontrollierte Oxidation erlaubt und dem fertigen Wein Tiefe und Fülle verleiht.

Wenn Sie, wie ich, noch immer von dem Film „Charlie und die Schokoladenfabrik" träumen, in dem die Finder eines der „Goldenen Tickets" sich an Gras aus Minzzucker und Wasser aus Schokolade gütlich tun, müssen Sie hier gut aufpassen. Denn ein Schlaraffenland voll von süßem Essen und Wein ist schwerer zu erschaffen, als Sie denken.

Süßweine werden anders gemacht als trockene Weine, und ihr Zuckergehalt ist sehr unterschiedlich. Hier wird nicht der gesamte natürliche Zucker zu Alkohol vergoren, bis der Wein völlig trocken ist, sondern ein bestimmter Teil davon bleibt im fertigen Wein. Wie viel, das ist vom Typ des Weins abhängig, von halbtrocken bis supersüß.

Wie stimmt man die Süße ab?
Für Wein stellt Zucker eine gewisse Herausforderung dar. Dementsprechend müssen Sie für die Kreation toller Kombinationen etwas nachdenken.

Eiscreme braucht einen Moscato, Thai-Küche einen halbtrockenen Riesling, in der Pfanne gebratene Foie gras einen Sauternes, Karamellpudding einen Pedro Ximénez und ein Stiltonkäse Port. So heißt es zumindest im Lehrbuch. Probieren Sie

es selbst aus und vergessen Sie nicht: Wenn das Gewicht und die Intensität der Speisen zunehmen, sollte auch der Wein entsprechend an Gewicht und Süße zulegen.

Süß und schwierig
Das Angebot an Früchten ist so groß, dass es schwer sein kann, einen passenden Wein zu finden. Halbtrockener Schaumwein und Moscato passen aber gut zu den meisten Sorten, leicht gekühlte leichte Rote passen wunderbar zu Sommerfrüchten, während Riesling-Spätlesen, Tokaji und Muskat gut mit tropischen Früchten harmonieren. Reservieren Sie Port, Madeira, Marsala und süßen Sherry für getrocknete Früchte.

Gelegentlich empfiehlt es sich, Essen und Wein doch getrennt zu genießen. Dunkle Schokolade und üppige Schokoladengerichte kommen am besten solo zur Geltung. Dasselbe gilt für Spitzensüßweine (Sauternes, Trockenbeerenauslesen, Eiswein).

Dennoch gibt es einige Partner für Schokolade, etwa die südfranzösischen Süßweine Banyuls und Maury, ein Amarone aus Italien oder ein Liqueur Muscat aus Australien.

Temperatur

Beim Essen wie beim Wein ist die richtige Temperatur das A und O. Sie bestimmt, ob eine Zusammenstellung funktioniert oder nicht.

Sie können jeden Posten abhaken: Sie wissen, was Sie essen wollen, Sie haben einen Wein gefunden mit all den passenden Aromen, dem passenden Gewicht und den richtigen weiteren Eigenschaften. Und doch kann all die harte Arbeit zunichtegemacht werden durch etwas, was vollständig in Ihrer Macht liegt: die Temperatur.

> „Der Wein ist eiskalt. Für die nächsten zehn Minuten, während er auftaut, könnte genauso Wasser im Glas sein."

Sie gehen abends essen, haben sich für Huhn entschieden und für einen körperreichen Weißwein, Chardonnay. Das Essen wird aufgetragen und gleichzeitig der Wein, und sobald er eingeschenkt ist, beschlagen die Gläser.

Der Wein ist eiskalt. Für die nächsten zehn Minuten, während er auftaut, könnte genauso Wasser im Glas sein. Und während der Wein auf Temperatur kommt, wird das Essen kalt.

Es ist natürlich leichter, einen schon eingeschenkten Wein anzuwärmen, als ihn abzukühlen – Sie erinnern sich an den alten Hände-um-das-Glas-Trick, den ich bereits erwähnt habe.

Im Restaurant können Sie aber, bei einer zu warmen Flasche Weißwein, immer um einen Sektkübel mit Eis und Wasser bitten. Und zögern Sie nicht, eine eisig kalte Flasche aus dem Kübel zu nehmen (nehmen zu lassen).

Wein im Wechsel der Jahreszeiten
Ein schwerer, wärmender Rotwein ist kaum die erste Wahl für einen Grillabend an einem heißen Sommertag, genauso wenig passt ein gut gekühlter, rassiger Weißwein zu einem lauschigen Abend am Kamin.

In die Diskussion um die richtige Temperatur fließt also auch ein, dass mit wechselnden Außentemperaturen auch unterschiedliche Weine bevorzugt werden. Wählen Sie Ihren Wein dementsprechend.

Wie die Temperatur den Wein beeinflusst

• Das Gewicht wird nicht so offenkundig beeinflusst; die Regeln für das Aroma treffen auch hier mehr oder minder zu.

• Bei einem zu kalten Wein präsentiert sich das Aroma nicht deutlich. Ist er zu warm, zerfließt das Aroma zu einem schwammigen Eindruck. Für jeden Wein gibt es die richtige Temperatur, zu kalt oder zu warm sind beide von Übel.

• Die Säure ist besser definiert, wenn der Wein kalt ist – der Schlüssel für Weißwein.

• In einem zu kalten Rotwein wird das Tannin bitter und aggressiver, durch Wärme wird es weicher.

• Süße ist gekühlt immer besser: Je kälter ein Süßwein, desto weniger aufdringlich der Zucker und desto peppiger der Wein.

Essen und Wein aufeinander abstimmen

Ich bin überzeugt, dass der richtige Wein einem mäßigen Essen aufhelfen kann und umgekehrt. Außerdem meine ich, dass die gute Abstimmung von Essen und Wein nicht für besondere Gelegenheiten aufgehoben werden sollte: Übung macht den Meister!

Großartige Kombinationen zu entdecken muss weder schwierig noch teuer sein – tatsächlich zählen die meisten meiner Lieblingskombinationen auch zu denen, die am leichtesten zu realisieren sind. Und beweisen Sie Mut zum Risiko: Genießen Sie Champagner zu Fish and Chips am Strand oder kombinieren Sie einen schlichten Roten mit einem teuren Stück Fleisch. Aus Experimenten wird man klug.

Nehmen Sie sich die Zeit, sich mit einem Sommelier anzufreunden, lesen Sie etwas (es gibt mehrere Regalmeter) zum Thema, oder, noch besser, suchen Sie den Erzeuger des Weins auf und fragen Sie ihn, was er am liebsten zu seinem Wein isst. Genießen Sie es, diverse Kombinationen auszuprobieren, doch im Vordergrund sollte immer dies stehen: einfach eine gute Mahlzeit in guter Gesellschaft zu genießen.

Wie Lennon und McCartney gibt es Dinge, die einfach füreinander geschaffen sind. Bei der Kombination von Essen und Wein werden Sie das auch feststellen: Einiges geht, anderes geht gar nicht, und der halbe Spaß liegt im Ausprobieren. In dem Sinn: *Bon appétit!*

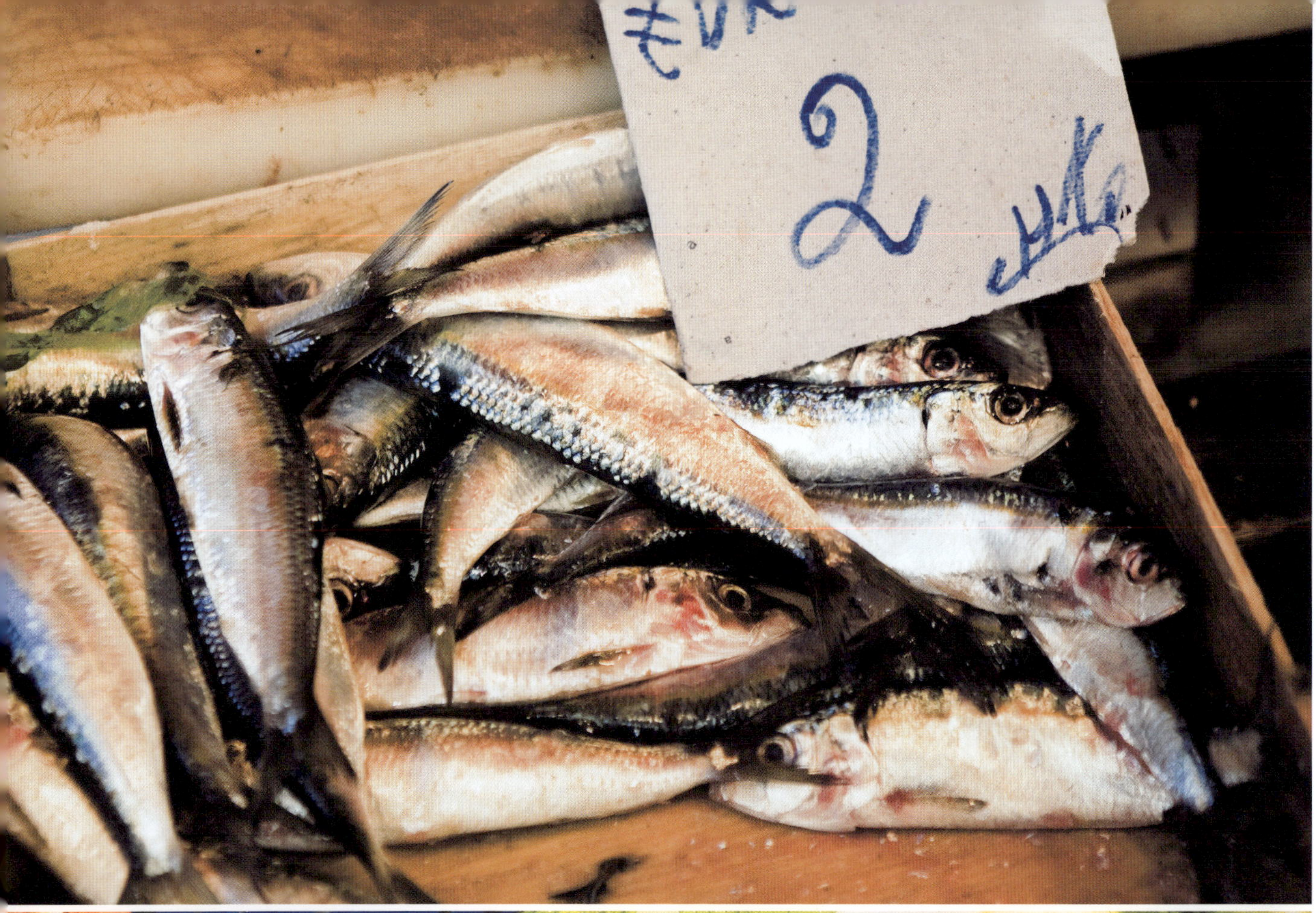
2

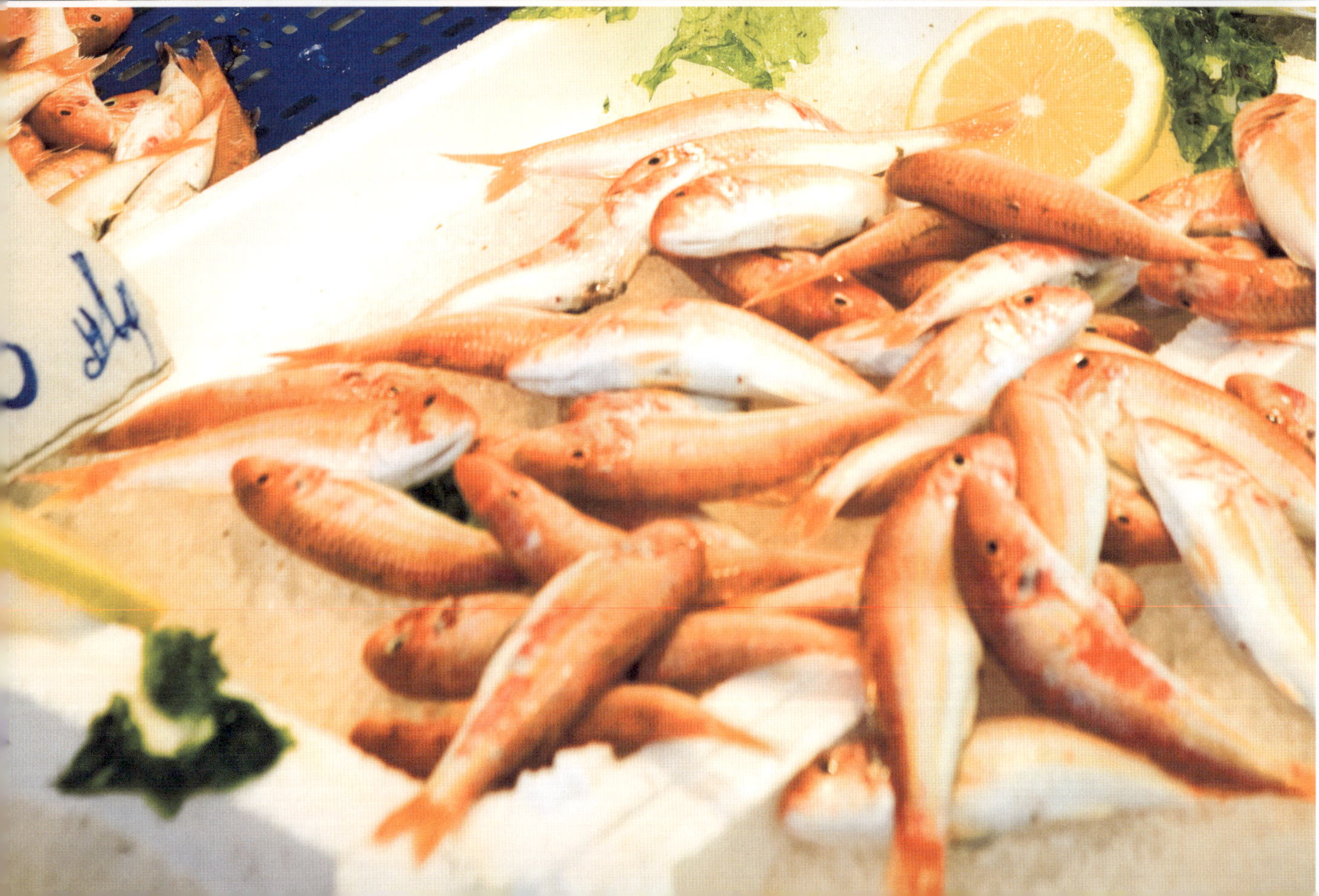

Nach Zutaten

Berücksichtigen Sie immer alles: die einzelnen Zutaten, das Gericht insgesamt und seine Zubereitung. All dies bestimmt in erheblichem Maß, ob ein Gericht und ein Wein zusammenpassen.

„Ein idealer Begleiter zu Fisch." Wie oft haben Sie das schon auf einem Etikett gelesen! Wenn ich so etwas sehe, sehe ich gleich rot. Fisch wie? Und überhaupt: welcher Fisch?

Vielleicht ist mir ja eine wichtige Information entgangen, oder gehen wir jetzt davon aus, dass dort draußen nur eine einzige Fischart herumschwimmt und diese auch immer gleich schmeckt, ungeachtet der Art der Zubereitung? Aber nur ruhig Blut.

> „Natürlich ist Weißwein ein guter Begleiter für alles, was aus dem Meer kommt. Aber es gibt zahlreiche großartige und viel spannendere Möglichkeiten."

Fisch, Meeresfrüchte, Geflügel, Wild, Fleisch und Käse – jedes ist nur ein „Tor" zu einem viel umfassenderen und sehr unterschiedlichen Spektrum an Produkten, von denen jedes sein eigenes Profil an Aromen, Geschmacksnoten und Texturen besitzt. Hinzu kommt eine ganze Palette an Zubereitungsmöglichkeiten, Beigaben und Saucen. Allmählich beginnen Sie zu ahnen, dass es schier unendlich viele Variablen gibt, die Sie bei der Suche nach dem richtigen Wein berücksichtigen können. Hier sind einige Grundlagen, damit Sie loslegen können.

Fisch und Meeresfrüchte
Weißwein passt zu Fisch. Ja, das wissen wir alle, aber die Bestellung oder Zubereitung von Fisch oder Meeresfrüchten muss ja nicht notgedrungen zu den ewig gleichen sicheren Wahlmöglichkeiten führen.

Natürlich ist Weißwein ganz allgemein ein guter Begleiter für alles, was aus dem Meer kommt. Aber abgesehen von wirklich schweren Rotweinen gibt es zahlreiche großartige und viel spannendere Möglichkeiten.

Haus- und Wildgeflügel
Natürlich, Flügel haben sie alle. Damit wären aber auch bereits alle Gemeinsamkeiten von Hausgeflügel und Wildgeflügel genannt.

An einem Ende des Spektrums gibt es Huhn, Pute, Gans und Fasan: Diese Geflügelarten mit milderem Geschmack eignen sich wunderbar für vollmundigen Weißwein. Auch Eichennoten sind

Der passende Wein

ZU FISCH UND MEERESFRÜCHTEN
- gekühlter Manzanilla-Sherry zu jungem Hering und Tintenfisch
- guter Oloroso-Sherry zu Garnelen
- leichte, saubere, fruchtige Weißweine (nicht im Holzfass ausgebaut) zu weißem Fleisch
- körperreicher Weißwein (aus dem Holzfass) zu Makrelen, Jakobsmuscheln, Flusskrebsen, Krabben und Hummer
- Rosé zu ganzen gegrillten Fischen, Bouillabaisse und Sardinen
- Pinot Noir zu Lachs, Forelle, Thunfisch und Sushi

ZU HAUS- UND WILDGEFLÜGEL
- Chardonnay oder Viognier zu milderem Geflügel wie Huhn, Truthahn, Gans und Fasan
- Pinot Noir und Nebbiolo zu Geflügel mit kräftigem Geschmack wie Ente (auch Stock- und Krickente), Taube und Moorhuhn

LINKS Achten Sie darauf, dass Sie es mit den Zutaten Ihrer Gerichte nicht übertreiben: Frisch und schlicht im Geschmack sollten sie sein, so erreichen Sie das gelungenste Zusammenspiel von Speisen und Wein.

vorteilhaft. Am anderen Ende des Spektrums begegnen wir dem krassen Gegenteil – Ente, Taube und Moorhuhn, Geflügel mit intensivem Eigengeschmack und so starkem Geruch, dass sich ein Raum innerhalb von Sekunden leeren kann. Deshalb fordern sie gut strukturierte, erdige Rote mit schöner Balance zwischen süß und würzig.

„Gut abgehangenes Fleisch erfordert einen Wein mit größerer Intensität und Fülle."

Schwein

Den meisten Karnivoren gilt die blutrünstige Verbindung von Fleisch und Wein als das Nonplusultra. Hier kommen Rotweine jeglicher Couleur vollends zu ihrem Recht. Allerdings gibt es ein oder zwei Ausnahmen, um es uns nicht allzu einfach zu machen.

Schweinefleisch ist so eine Ausnahme, da es, je nach Zubereitung, sowohl mit körperreichen Weißen als auch mit schweren Roten harmoniert. Zu gegrillten Koteletts passt ein Chardonnay, zur Porchetta mit Schwarzkohl ein Sangiovese, zu gebratenem Schweinebauch auf chinesische Art ein funkelnder Shiraz, zu zartem Spanferkel ein süditalienischer Roter, etwa Primitivo, Negroamaro oder Nero d'Avola, und zu einem langsam gegarten Schulterbraten mit Salsa verde passt ein Grenache. Sie haben die Wahl.

Lamm und Hammel

Wie erwähnt, bildet Lamm – in der Pfanne gebraten, auf Holzkohle gegrillt oder langsam geschmort – ein kulinarisches Traumpaar mit Cabernet Sauvignon. Auch wenn er gut durch jeden anderen körperreichen Roten ersetzt werden könnte, der über ausreichend Geschmackstiefe und trockene, zupackende Tannine verfügt.

Einige Bundesligaspielzeiten später erfordert der Hammel mit seinem charakteristisch herzhaften Geschmack und festerer Struktur einen Wein mit ähnlichen Eigenschaften. Robuste, sonnenverwöhnte Rote voller Leder- und Gewürznoten und erdigen Aromen – Tempranillo, Touriga Nacional und dem Amarone ähnliche Tropfen aus Spanien, Portugal und Italien – passen hier ausgezeichnet.

Kalb

Von alten Schafen geht es weiter zu jungen Kühen. Kalb braucht die fruchtige Süße und weichere Struktur von Weinen wie Valpolicella Classico, Carmenère oder Merlot, während die älteren Geschwister Weine mit etwas mehr brauchen. Mit sehr viel mehr sogar.

Rind

Rind ruft nach schweren Geschützen. Und bei der Wahl des passenden Weinpartners sollten Sie auch bedenken, wie lange das Fleisch gehangen hat, wie viel Fett es enthält und wie es zubereitet wird.

Der passende Wein

ZU SCHWEIN
- Chardonnay
- Sangiovese
- Shiraz
- Primitivo
- Grenache

ZU LAMM UND HAMMEL
- Cabernet Sauvignon zu Lamm
- Tempranillo, Touriga Nacional und Amarone zu Hammel

ZU KALB
- Valpolicella
- Carmenère
- Merlot

Mein Gericht für die einsame Insel

Fast ohne jedes Zögern: Mein Gericht für die einsame Insel wäre eine Bistecca alla fiorentina von Dario Cecchini, dem legendären Metzger in Panzano. Es wäre ganz einfach: ein vier Finger dickes T-Bone-Steak vom Chianina-Rind, auf Holzkohle gegrillt, abgerundet mit Meersalz und einem guten pfeffrigen Olivenöl aus der letzten Ernte. Das ist alles. Keine Pommes, keine Saucen, keine Beilagen, nichts. Nur Fleisch. Dazu würde ich mir einen Sassicaia von 1985 genehmigen und wäre glücklich.

Der passende Wein

Zu Rind
- Shiraz/Syrah
- Grenache
- Mourvèdre
- Carignan
- Zinfandel
- Malbec

Zu Käse
- Sangiovese zu Parmigiano Reggiano
- Pinot Gris zu Morbier
- Sauternes zu Roquefort
- Gewürztraminer zu Munster
- Grenache zu halbfestem, jüngerem Schafskäse
- Chardonnay zu Brie
- edelfauler Riesling oder Sauternes zu mildem, sahnigem Blauschimmelkäse
- Rosé zu Büffelmozzarella
- Halbtrockener Riesling zu Comté
- Pinot Noir zu Époisses
- Sauvignon Blanc zu Feta und Ziegenkäse
- Amontillado-Sherry zu Hartkäse aus roher Kuhmilch
- Manzanilla-Sherry zu Manchego
- Prosecco zu Gorgonzola
- Und der Klassiker: Port zum Stilton

Gut abgehangenes Fleisch erfordert einen Wein mit größerer Intensität und Fülle, während frischere Stücke nicht nur Geschmack, sondern auch Struktur benötigen. Seien Sie nach Möglichkeit vorsichtig mit schweren und stark reduzierten Saucen, da diese den Geschmack von Fleisch und Wein gleichermaßen zunichtemachen können. Shiraz, Grenache, Mourvèdre, Zinfandel, Malbec und Carignan sind allesamt würdige Bewerber. Aber es gibt wohl überall keinen Mangel an Weinen, die großartig zum Steak passen.

Käse

Ich liebe Käse aus all den Gründen, aus denen ich Wein liebe. So wie Wein aus Traubensaft entsteht, entsteht Käse aus Milch, und jeder Faktor, der die Entstehung des Weins beeinflussen kann (und es auch tut!), ist auch bei der Käseherstellung zugange.

Ob ich der Meinung bin, Käse und Wein seien füreinander geschaffen? Hundertprozentig. Schon der Gedanke an den Käsewagen, der an meinen Tisch gerollt wird, macht mich kribbelig. Aber Käse ist nicht nur etwas für festliche Einladungen. Wenn Sie durch Europa reisen, stellen Sie rasch fest, dass der Genuss von Käse, ähnlich wie das Weintrinken, ein alltäglicher und fast rituell gepflegter Teil des Lebens ist.

Gute Partner finden sich hier leicht, im Wesentlichen deswegen, weil zwei fertige Erzeugnisse miteinander kombiniert werden. Dennoch gibt es einiges, was Sie beachten sollten. Die Struktur zum Beispiel: leicht und fein, weich und cremig, hart und trocken, schwer und intensiv. In einem ersten Schritt versuchen Sie, das Gewicht von Wein und Käse so gut wie möglich aufeinander abzustimmen.

> „Schon der Gedanke an den Käsewagen, der an meinen Tisch gerollt wird, macht mich kribbelig."

Anschließend berücksichtigen Sie die Geschmacksintensität. Allgemein gilt: Je mehr Geschmack der Käse besitzt, desto mehr Aroma sollte auch der Wein haben. Säure ist ebenfalls wichtig. Es ist kein Zufall, dass Käse mit viel Säure wie frischer Ziegenkäse besonders gut mit säurebetonten Weinen harmoniert, etwa einem jungen Sauvignon Blanc.

Zum Schluss sollten Sie noch den Schimmel berücksichtigen. Schimmelkäse kann trockenen Weinen das gesamte Aroma nehmen, übrig bleibt nur ein bitterer Geschmack. Süße oder perlende Weine sind hier besser geeignet.

RECHTS Vermutlich die köstlichste Verbindung der Welt: Genießen Sie Käse und Wein zusammen, wann immer Sie können!

Nach dem Land

Haben Sie sich jemals gefragt, weshalb Wein, den Sie unter normalen Umständen kaum trinken und erst recht nicht kaufen würden, im Urlaub so gut schmeckt, zu Hause aber nicht begeistert?

Der passende Wein für asiatische Küche

Es ist oft schwierig, zu einem asiatischen Gericht einen geeigneten Wein zu finden, da es keine eindeutigen Partner wie bei der europäischen Küche gibt.

• Zarte und aromatische Gerichte wie die der Thai- und der vietnamesischen Küche erfordern Wein mit einem ähnlichen Charakter. Riesling, Gewürztraminer und jene mit etwas Süße sind hier häufig die beste Wahl.

• Bei üppigeren, erdigeren Geschmacksnoten, wie etwa in der japanischen und regionalen chinesischen Küche, empfiehlt sich ein Chardonnay oder ein Pinot Noir.

• Schwerere Saucen und die Verwendung getrockneter Früchte und Gewürze in vielen indischen Gerichten erfordern Weine, die reicher im Geschmack, aber weicher von der Struktur her sind. Viognier, Merlot und einige nicht in Holz ausgebaute Rote aus wärmeren Erdteilen sollten hier oben auf der Liste stehen.

RECHTS Wie Speisen und Wein aufeinander abgestimmt werden können, erforscht man am besten in Ländern, in denen traditionell Wein zum Essen getrunken wird.

Europäische Küche

Ich wette, Sie haben sich im Nachhinein schon einmal gefragt, warum Sie in Italien diese große bastumwundene Flasche mit rotem Vino di casa so köstlich fanden (nur mit einem Stück Brot und einem Teller Pasta), warum Sie in Spanien eisgekühlten Sherry vor nahezu jeder Mahlzeit tranken und warum Sie in Frankreich nicht viel mehr zum Überleben brauchten als diesen billigen, fröhlichen Rosé (literweise).

Einerseits ist der Weingenuss häufig Teil eines umfassenden emotionalen Erlebnisses, andererseits ist es nicht verwunderlich, dass ein bestimmter regionaler Wein wunderbar mit einem bestimmten regionalen Gericht harmoniert. Eher dürfte es die Folge eines jahrhundertelangen Verfeinerns und Aufeinanderabstimmens sein.

Italienische Küche mit italienischem Wein, französische Küche mit französischem Wein, spanische Küche mit spanischem Wein und asiatische Küche mit deutschem Wein. Genau, es gibt immer eine kleine Ausnahme, aber meiner Erfahrung nach haben die meisten Dinge auch einen Grund.

Asiatische Küche

Die asiatische Küche, die eine ganze Palette von Geschmacksnuancen und Texturen miteinander kontrastiert, basiert im Wesentlichen auf vier Eckpfeilern: süß, sauer, salzig und scharf. Diese Pfeiler, jeder für sich genommen, sind schon für die meisten Weine eine große Herausforderung, das Zusammenspiel von zwei oder drei von ihnen ist es erst recht.

„Der Weingenuss ist häufig Teil eines umfassenden emotionalen Erlebnisses."

Die üblichen Probleme bereiten Weine mit viel Alkohol und Eiche, die beide die schlechte Angewohnheit haben, zarte Geschmacksnuancen zu überwältigen. Auch eindeutig tanninbetonte Weine können ein echtes Problem darstellen, insbesondere wenn feinere Strukturen ins Gleichgewicht gebracht werden müssen. Weine mit einem natürlichen hohen Säuregehalt und wenig Süße können in Verbindung mit der rohen Gewalt frischer Chilischoten scharfe Gerichte kriminell scharf erscheinen lassen.

Nach der Jahreszeit

Es war mir nicht immer so klar wie heute. Eigentlich habe ich erst durch meine Arbeit in einem Restaurant gelernt, die Jahreszeiten wahrzunehmen und zu schätzen.

Ich hatte mir niemals wirklich klargemacht, welch großen Einfluss jede Jahreszeit auf die Farbe, den Duft, die Aromen, das Gewicht und die Beschaffenheit des Essens hat und wie jede Jahreszeit den Typ Wein vorgibt, den ich servieren kann, und den Typ Wein, den Sie als Gast bestellen.

Ich habe auch nicht damit gerechnet, dass das Wissen um die verschiedenen Jahreszeiten und die Geschmackskombinationen, die jede Jahreszeit nahelegt, mir wiederum mehr über Wein beibringen würde. So war es aber. Und seitdem werde ich nicht müde zu verfolgen, wie sich alles vor meinen Augen entwickelt.

Sommersonne

Sommergerichte leben von ihren kräftigen, leuchtenden Aromen. Saftige Pfirsiche aus Sizilien mit hauchdünnen Scheiben süßem Prosciutto crudo und einigen Tropfen gutem Olivenöl bringen buchstäblich das Beste des Sommers auf den Teller. Es ist die Jahreszeit für leichte Weine, insbesondere für frischen Weißwein ohne Holznoten, für fruchtigen trockenen Rosé und leichten, gekühlten Rotwein.

Erdiger Herbst

Wenn der Sommer allmählich in den Herbst übergeht, werden die Aromen üppiger, erdiger, intensiver. Und wenn der blaue Himmel allmählich grau wird, werden die schweren Weißen zu leichten Roten.

„Wenn der Sommer in den Herbst übergeht, werden die Aromen üppiger, erdiger, intensiver."

Der Herbst ist die Jahreszeit, wenn Pilze, getrocknete Kräuter, Kohlgemüse, die nach dem ersten Frost geerntet werden, Kastanien, Kaninchen, Wachteln, Fasane, Tauben, Rebhühner und Enten offiziell auf dem Speiseplan stehen.

Und es ist die Zeit des Jahres, in der einige Weine, insbesondere Rotweine und fülligere Weißweine, richtig zeigen, was in ihnen steckt.

LINKS UND UNTEN Es ist nicht sonderlich schwer, ein Gefühl dafür zu entwickeln, welche Gerichte und welcher Wein zur jeweiligen Jahreszeit passen. Meist wählen wir spontan beides nach dem Gewicht aus, entsprechend den Temperaturen und der Länge des Tags.

Der passende Wein

IM SOMMER
- Riesling
- Sémillon
- Verdejo/Verdelho
- Pinot Grigio

IM HERBST
- Viognier
- Marsanne/Roussane
- Verdicchio
- Pinot Noir
- Dolcetto
- Barbera
- Nebbiolo
- Tempranillo

IM WINTER
- Shiraz/Syrah
- Cabernet Sauvignon
- Zinfandel
- Malbec
- Spanischer Rosé

IM FRÜHLING
- Chardonnay
- Sauvignon Blanc
- Französischer Rosé
- Cabernet Sauvignon
- Merlot

Warmes für den Winter

Der Winter verlangt nach robusten herzhaften Zutaten: langsam gegartes Fleisch, gebundene Suppen und gebratene Wurzelgemüse sind Gerichte, die einen schnell wieder warm werden lassen.

Es ist die Zeit der mächtigen, kraftvollen Rotweine. Und wenn man schon völlig aufgegeben hat, die Sonne jemals wieder zu sehen, erscheint sie doch, und der Rosé-Umsatz schnellt in die Höhe, als wäre das Trinken von Rosé ein Weg, wärmeres Wetter herbeizulocken.

Frisches im Frühling

Spätestens dann ist es klar: Der Frühling steht vor der Tür! Kühle Morgen, sonnige Tage, im Garten sprießt es, kurze Ärmel für die, die es nicht erwarten können – und sogar schon ein vereinzeltes lächelndes Gesicht im Gewühle des Berufsverkehrs. Wie der reinste Energieschub wirken diese ersten Vorboten des Frühlings, sie bilden eine nur allzu willkommene Abwechslung nach dem kargen, trostlosen Winter.

Und Sie meinen, das Wetter hätte keinen Einfluss auf das Verhalten der Menschen? Sie brauchen sich doch nur umzusehen. Und wenn Sie ein schwieriges Gespräch bei Ihrer Bank führen müssen, dann nehmen Sie es sich im Frühling vor!

„Wie der reinste Energieschub wirken die ersten Vorboten des Frühlings, sie bilden eine nur allzu willkommene Abwechslung nach dem kargen, trostlosen Winter."

Wenn die Laune der Natur allmählich etwas besser wird, verbessern sich auch die Aussichten für die Gourmets. Der Frühling mit seiner herrlichen Fülle an frischen Produkten ist einfach die Jahreszeit zum Essen: Spargel, Erbsen, Dicke Bohnen, Lamm und wunderbarer Fisch. Und das Trinken ist auch nicht so schlecht: frische Weißweine, feine Rosés und sanfte Rotweine stellen die Farben der Saison.

Halten Sie es schlicht: Sauvignon Blanc zu Ziegenkäse, Dicken Bohnen, Basilikum, Zitrone und Minze; Rosé zu den süßesten Tomaten der Saison, die Sie auftreiben können; und der ewige Klassiker: Cabernet Sauvignon zu zartem Osterlamm.

Wenn der Frühling endlich da ist, bringt er auch eine Reihe frischer junger Weine mit und sorgt so für einige der schönsten Paarungen von Essen und Wein im ganzen Jahr.

RECHTS Sie könnten es damit bewenden lassen, für jede Jahreszeit nur eine einzige schöne Zusammenstellung von Essen und Wein auszuwählen – aber wagen Sie sich auf jeden Fall weit hinaus, beim Essen und beim Wein, und finden Sie das absolute Traumpaar.

Meine Lieblings-kombinationen zum Ausprobieren

Hier beginnt der Spaßteil: Korkenzieher ausgraben, Ärmel hoch und los geht's.

Hier finden Sie einige Beispiele aus meiner ewigen Bestenliste in puncto Kombination von Essen und Wein, die Sie einfach ausprobieren müssen, falls Sie sie nicht schon kennen.

Diese Paarungen – getestet und für gut befunden – sind es, die mir persönlich am besten gefallen. Einige sind beliebte Klassiker, andere lassen Sie bestimmt die Stirn runzeln. Das ist in Ordnung. Wie gesagt, sie gefallen mir am besten, und das ist es, was zählt. Und sie lassen sich leicht realisieren.

Sie greifen auf Zutaten zurück, die überall zu bekommen sind. Im Zusammenspiel sind sie in der Lage, eine durchschnittlich gute Flasche Wein und ein dito Essen auf eine höhere Ebene zu heben.

Kurz und gut, dies sind die Kombinationen, die ich liebe. Und wenn Sie sie nicht auch schon entdeckt haben, hoffe ich, dass sie Ihnen genauso gefallen werden wie mir.

Traumpartner in Sachen Essen und Wein

Weit entfernt von einer Unglückszahl, sind dies für mich die 13 Geschmackssensationen, die Sie (mindestens) einmal ausprobieren sollten.

Fino-Sherry und grüne Oliven

Auch wenn Sie sie für absolut uncool halten, Fino- und Manzanilla-Sherrys sind zwei der großartigsten Weine der Welt, die sich mit Speisen kombinieren lassen. Die besten sind knochentrocken und nussig und besitzen ein herrlich salziges Aroma, das perfekt geeignet ist, den Appetit anzuregen. Entsprechend zeigen sie sich im Zusammenspiel mit salzigen, großen grünen Oliven, frischen oder eingelegten Anchovis, Kapern, luftgetrocknetem oder geräuchertem Fleisch und Nüssen von ihrer besten Seite.

Trinken Sie Fino und Manzanilla gekühlt und möglichst frisch vom Schiff (fragen Sie Ihren Händler). Der Kauf von halben Flaschen sorgt weiterhin für Frische.

Champagner und Austern

Ich weiß, es klingt ein bisschen überkandidelt, aber das ist wirklich ein Traumpaar und die ultimative Art, einen besonderen Anlass zu eröffnen. Ich meine hier frisch geöffnete fleischige Austern, die wunderbar nur nach Meer schmecken, und dazu ein gepflegtes Glas Bitzelwasser – in diesem Fall Champagner. Da wir eine möglichst ideale Kombination suchen, würde ich der Versuchung widerstehen, mit weiteren Zutaten zu ergänzen, etwa Schalotten, Rotweinessig, eingelegtem Ingwer oder ausgefallenen Sorbets, und ausschließlich Austern servieren, vielleicht

mit einem Spritzer Zitrone, oder besser noch *au naturel*.

> „Ich meine hier frisch geöffnete fleischige Austern, die wunderbar nur nach Meer schmecken, und dazu ein gepflegtes Glas Champagner."

Frankreich sprengt das Budget? Kein Problem. Es gibt zahlreiche preiswertere gute Schaumweine aus der ganzen Welt, mit denen es genauso mundet. Probieren Sie welche aus Deutschland, Italien, Spanien, Australien oder Neuseeland.

Champagner mit Fish and Chips

Nicht im Ernst, oder? Ich fürchte doch, und es ist auch noch eine meiner absoluten Lieblingskombinationen. Fish and Chips am Strand – Zehen im Sand, Sonnenuntergang, nette Gesellschaft –, und das mit einer guten Flasche Schampus in Reichweite, das hat einfach etwas von Freiheit.

Schaumweine mit viel Säure können hier wirklich zeigen, was in ihnen steckt. Sie bieten dem Öl und dem Backteig Paroli und erfrischen gleichzeitig den Gaumen. Etwas Salz und Zitrone tun auch hier nicht weh, ich empfehle jedoch, mit dem Essig recht sparsam umzugehen oder ihn – besser

RECHTS Bei Strand, Meer und Sonne ist für mich die Kombination von Schampus und Fish and Chips nicht zu übertreffen.

noch – ganz wegzulassen. Auch hier müssen es nicht unbedingt französische Blasen sein, die im Glase perlen, aber es hilft. Und vergessen Sie auf keinen Fall die Plastikbecher!

Sauvignon Blanc und Ziegenkäse

Bei Frühlingsluft sollten Sie automatisch zu Sauvignon Blanc greifen. Die Zutaten dieser Jahreszeit sind für diese Rebsorte wie geschaffen. Ihre reine Stachelbeer- und Schwarze-Johannisbeer-Frucht, gepaart mit rassiger Säure, bildet die Grundlage für zahlreiche köstliche Kombinationen. Und wenn auch Variationen mit Dicken Bohnen, Erbsen, Minze, Basilikum, Zitrone, Meersalz und richtig gutem, pfeffrigem Olivenöl hervorragend zu einem Sauvignon Blanc passen, ist es doch der gute alte Ziegenkäse, der sich als der wahre Traumpartner herausstellt.

Wirklich eine unglaubliche Ehe. Zwei Partner: einer frisch und etwas kantig, der andere käsig bleich und kreideähnlich, doch zusammen scheinen sie einander gegenseitig zu entwaffnen und die scharfen Kanten zu glätten. Wählen Sie puren, schlichten Ziegenkäse, keinen in Asche oder noch schlimmer in Pfeffer gewälzten, und bevorzugen Sie einen jungen frischen Sauvignon Blanc.

Riesling und Thai-Küche

Asiatische Küche steht nahezu täglich bei mir auf dem Speiseplan: vietnamesisch, thailändisch, chinesisch, japanisch. Doch während sich für Gerichte der europäischen Küche relativ unkompliziert passende Tropfen finden lassen, gilt das keineswegs für die südostasiatische und die chinesische Küche.

Palmzucker, Limettensaft, Fischsauce und diese teuflisch scharfen kleinen Bird-Eye-Chilis (sie sind alles in einem: süß, sauer, salzig und scharf) bilden die Grundlage vieler Thai-Salate, und Sie können sich bestimmt vorstellen, dass ihnen nur wenige Weine gewachsen sind. Die Ausnahme ist Riesling. Besonders der mit einem gewissen Maß an Süße. So nehmen Sie die meisten Hürden. Die besten kommen aus Deutschland. Und eine kleine Warnung für Chili-Fans wie mich: Halten Sie das richtige Maß an Chili-Schärfe in Ihren Gerichten ein, sonst kapituliert auch der passendste Wein irgendwann.

Chardonnay und Brathähnchen

Chardonnay ist zwar in den letzten Jahren etwas in die Kritik geraten, zählt aber nach wie vor zu den Weinen, die am leichtesten mit Speisen zu kombinieren sind. Vorbei ist die Zeit der unbeholfenen Verwendung von Eiche, der riesigen Aromen tropischer Früchte und des Alles-ist-erlaubt in der Weinbereitung, der so viele zunächst abgeschreckt hat. Der neue Chardonnay ist schlanker und konzentrierter denn

LINKS UND RECHTS Scharf, süß, sauer und salzig machen die Wahl eines passenden Weins richtig schwer. Wählen Sie einen Tropfen mit einem Hauch Süße, die ein Gegengewicht zu den anderen Aromen bildet.

je, folglich viel ausgewogener und noch geeigneter als Begleiter zum Essen. Was mich auf direktem Wege zu einem alten Lieblingssonntagsgericht führt.

Man nehme ein ganzes Huhn, fülle es mit Zitrone, Butter, Knoblauch, Salz, Pfeffer und frischem Thymian und stecke es in einen glühend heißen Ofen, perfekt ist der Chardonnay-Himmel. Benötigt werden reichhaltige süße Frucht und würzige Eiche, die zum Aroma des Geflügels passen, Gewicht und Länge als Aromaträger sowie fokussierte Säure, um dem Fett Widerpart zu bieten und den Gaumen zu reinigen. Mit anderen Worten: ein Chardonnay.

Rosé und Mozzarella

Auf der Skala der Weine, die sich gut mit Speisen kombinieren lassen, ist Rosé ganz oben bei den besten zu finden. Mit dem zusätzlichen Vorteil, dass er die ganze Bandbreite von leicht bis schwer und von süß bis trocken bedient, lässt sich Rosé äußerst flexibel kombinieren: vom schlichten Tomatensalat bis hin zu all den angekohlten und klebrigen Dingen, die der Grill hergibt.

Abgesehen davon bildet der frischeste Mozzarella, den Sie auftreiben können, mit einigen kleinen süßen Tomaten und einem Spritzer gutem Olivenöl eines der besten und einfachsten Gerichte zu einem leichten, trockenen Rosé. Da es aber so viele verschiedene Arten Rosé gibt – und auf dem Etikett ist nur selten vermerkt, ob er süß oder trocken ist –, fragen Sie am besten den Weinhändler oder kaufen Sie nach Empfehlung.

Sangiovese und Pizza

Freitagabend ist bei Skinners Pizza-Abend. Wenn wir Lust haben, bereiten wir sie selbst zu, sonst greifen wir zum Telefonhörer. Die Wahl des Belags ist in beiden Fällen gleich: Tomaten, Mozzarella, Kapern und Anchovis; Salami und frische Chilischoten; Kartoffeln und Rosmarin; oder, die Lieblingspizza der Familie, roher Prosciutto und Rucola.

Sangiovese ist der perfekte Partner. Wer das Glück hat, seine Pizza in Mailand, Florenz, Rom oder Neapel zu essen, und sich dabei aus der großen Rotweinflasche auf dem Tisch bedient, trinkt vermutlich einen Sangiovese. Er ist unglaublich vielseitig und hat von Natur aus viel Säure und Tannin, sodass er sich nahezu jeder Textur anpassen kann und dennoch eine Vielzahl an Aromen von süß bis würzig unterstützt. *Bellissimo!*

Pinot Noir und Ente

Roher Thunfisch, Lachs vom Grill, Forelle, gebratener Seebarsch mit Linsen, Pilze, Trüffeln, gebratenes Huhn mit Morcheln, Coq au vin, süßes, saftiges Frühlingslamm, geschmortes Kaninchen mit Rosmarin, schwarze Oliven und Orangenzesten, Wachtel, Krickente, Moorhuhn, Fasan, Taube, Rebhuhn und all die anderen hübschen kleinen Vögel, auf die meine Tochter gerne zeigt, wenn wir durch den Park spazieren, alle sind perfekt geeignet für Pinot Noir. Am allerbesten passt jedoch Ente – Pinot Noir und Ente sind auf nahezu spirituelle Weise miteinander verbunden.

Im Idealfall sind beide opulent und dekadent und besitzen eine unglaubliche

RECHTS Die Kombination von italienischen Gerichten und italienischem Wein gehört nicht zufällig zu den überzeugendsten und beliebtesten. Italienische Rotweine haben häufig relativ viel Säure und Tannin, weshalb sie sich solo nicht so gut genießen lassen. Mit einem heimischen Gericht laufen sie jedoch zu Höchstform auf.

Geschmacksintensität, die von süß bis würzig-pikant reicht. Die eine ist von Natur aus fettreich, der andere liebt nichts mehr, als dieses Fett auszubalancieren: Im Idealfall sind sie somit das Traumpaar schlechthin. Ein kleiner Rat jedoch: Da Pinot Noir eine Rebsorte mit niedrigen Erträgen ist, die nur in einigen Regionen der Welt gedeiht, empfiehlt es sich, etwas mehr Geld anzulegen, um vollends verführt zu werden. Ich bin aber sicher, dass es sich lohnt.

Cabernet Sauvignon und Lamm

Cabernet Sauvignon und Lamm verbindet eine erstaunliche Beziehung. Eine langsam gegarte Lammschulter im Gemüsebett (mag ich lieber als die teurere Lammkeule) ist ein weiteres Lieblingsessen in unserer Familie und der perfekte Partner für einen Cabernet.

Diese Kombination ist ein altbewährter Klassiker, und ungeachtet, ob das Fleisch in der Pfanne kurzgebraten, auf Holzkohle gegrillt oder im Ofen geschmort bzw. gebraten wird, die dunkle Frucht des Cabernet verbindet sich auf natürliche Weise mit dem süßen, erdigen Lammaroma, während die typischen trockenen Tannine (aus den dicken Schalen der Cabernet-Trauben) beim Neutralisieren von Eiweiß und Fett wahre Wunder vollbringen. Damit er das Essen nicht überwältigt, vermeiden Sie Weine mit hohem Alkoholgehalt und/oder intensiver Holznote, und wie immer: Wenn Sie unsicher sind, fragen Sie nach. Cabernet ist weit herumgekommen in der Welt, gute Exemplare sollten sich somit leicht auftreiben lassen.

Moscato und Eiscreme

Zitrone, Erdbeere, Pistazie, Blutorange, Fenchel, Minze – welche auch immer Ihre Lieblingseissorte ist, wer auf der Suche nach der todsicheren Kombination von Dessert und Wein ist, hat sie hier gefunden. Immer wenn ich mich in Italien aufhalten darf, ist dies eine der Zusammenstellungen, auf die ich mich am meisten freue.

Leicht, süß und ganz leicht moussierend, das Gewicht und die Süße des Moscato spiegeln auf wunderbare Weise die der Eiscreme, während die leichten Perlen im Wein helfen, den Gaumen zu reinigen und zu erfrischen. Die beste Verbindung ergeben Eissorten ohne Sahne und besonders Sorbets. Weil dazu lediglich etwas Eis in ein Schälchen gegeben und eine Flasche entkorkt werden muss, gibt es keinen wirklichen Grund, es nicht sofort zu probieren, oder?

Pedro Ximénez und Eiscreme

Pedro Ximénez (PX) aus dem südspanischen Jerez verströmt einen intensiven Duft von Melasse, Rosinen, Gewürzen und Likör, im Mund ist er sirupartig, üppiger und von schöner Länge. Servieren Sie ihn zu einem englischen Früchtekuchen oder einem klebrigen Karamellpudding; Schöneres kann man sich kaum vorstellen. Ich sage kaum, weil es eine noch einfachere Alternative gibt. Es ist ein Kinderspiel, aber Ihre Gäste bzw. Ihre bessere Hälfte werden Sie für diese Kombination in den Himmel heben! Man nehme eine Packung Rum-Rosinen-Eis (Malaga) oder Vanille, gebe je zwei Löffel in ein Schälchen, begieße es großzügig mit

PX, als wäre es Schokoladensauce – fertig, klassisch, gut!

Liqueur Muscat und Omas Plumpudding

Sie brauchen keine englische Großmutter, damit diese Kombination funktioniert, da aber Omas die besten Plumpuddings machen, hilft es vielleicht. Fest, feucht und wahnsinnig üppig, mit vielerlei Gewürzen, Korinthen und kandierter Schale von Zitrusfrüchten, Weinbrand und Vanille: Viel mehr können Sie nicht tun, um einen Plumpudding noch zu verbessern. Das heißt doch: Sie können ein Glas Liqueur Muscat dazu servieren, den einzigartigen Süßwein aus Australien.

Mit seinem Rosinenaroma, dem Rancio, Gewürzen, Alkohol und einer mächtigen Welle an Intensität nach der anderen: Die Aromatik eines großen Liqueur Muscat grenzt an Zauberei – ganz zu schweigen von der himmlischen Verbindung mit Plumpudding, stamme er von der Oma oder nicht.

LINKS Es gibt so viel süße Partner. Vergessen Sie niemals (niemals!) den richtigen Beschluss eines Mahls.

Lagern

Eine verhängnis-volle Affäre

Was den Wein zu einem so leckeren Stoff macht, ist es auch, was ihm am Ende das Leben nimmt. Die Rede ist von Luft.

Wie ich schon sagte, ist Wein eine lebende, atmende Flüssigkeit, die wir irgendwo auf ihrem Weg vom Traubensaft zum Essig genießen. Wie er schmeckt, wird in großem Maß davon bestimmt, in welcher Phase dieser Reise er sich befindet.

Wein wird geboren. Wie wir hat er eine Kindheit, schwierige Jahre, Jahre der Selbstfindung, einen Höhepunkt, eine Hochphase und zuletzt – in den meisten Fällen – eine Zeit des Rückzugs und ein würdevolles Alter. Der Katalysator für die Veränderungen im Wein ist Luft.

Abgesehen davon aber ist der Wein, den wir heute trinken, deutlich anders als der, den wir vor 30 Jahren getrunken haben.

Heute denken wir anders, leben anders und konsumieren anders. Die heutige Welt ist eine Welt des Wohlstands: eine Welt, in der man nur noch im äußersten Notfall auf irgendetwas wartet. Warum um Himmels willen sollten wir Jahre darauf warten, eine Flasche Wein trinken zu können? Auf den Seiten 159–165 sage ich Ihnen, warum.

Jetzt möchte ich, dass Sie etwas tun, was Sie vielleicht noch nie getan haben: Wein kaufen, um ihn einzulagern. Nein, nicht um ihn zu trinken, sondern um ihn in den Keller zu legen. Es mag merkwürdig klingen: Sie werden sich daran gewöhnen.

Ich möchte, dass Sie einen Weinvorrat anlegen – und ich meine natürlich nicht an Plätzen wie oben auf dem Kühlschrank, im Küchenschrank, neben dem Durchlauferhitzer oder im Heizungskeller. Dafür werden Sie einiges sorgfältig in Betracht ziehen müssen. Sie werden auf Feuchtigkeit, Temperatur, Licht und Erschütterungen acht-geben müssen, denn auf all diese Dinge reagiert Wein empfindlich.

Ihr Keller muss nicht groß oder protzig sein, nur der geeignetste Ort im Haus zum Lagern von Wein. Ach ja, und außer einem großen Vorhängeschloss ist wohl auch etwas Selbstdisziplin hilfreich …

Die geöffnete Flasche

Luft hat auf Wein eine erstaunliche Wirkung. Die Beziehung zwischen den beiden besitzt sowohl etwas Magisches als auch etwas Tragisches. Jeder, der schon einmal den Korken aus einer lange vergessenen Flasche gezogen hat und feststellen konnte, in welchem Maß der Wein besser oder schlechter geworden ist, wird mir zweifellos zustimmen.

Die Luft wirkt auf die grundlegenden Aromen aus dem Traubensaft, die „Primäraromen", und entwickelt sie zu etwas weitaus Komplexerem und Interessanterem, zu einem neuen, einheitlichen und größeren Ganzen.

Aber wir haben alle schon beobachtet, wie schnell ein halber Apfel braun wird, wenn man ihn liegen lässt – der Prozess ist derselbe. Setzt man Wein lange genug dem Sauerstoff aus, wird er zu Essig. Diesen Prozess nennt man Oxidation. Hat er erst einmal eingesetzt, kann er nur verlangsamt, aber nicht mehr gestoppt werden.

In diesem Abschnitt gebe ich Ihnen einige Tipps, wie Sie mit einer geöffneten Flasche am besten umgehen.

Wie bleibt Wein in einer geöffneten Flasche frisch?

In unserem Haus sind angebrochene Flaschen eigentlich kein Problem, und bei den meisten unter Ihnen auch nicht, nehme ich an. In erster Linie, weil sie ausgetrunken werden.

OBEN UND RECHTS Meine Empfehlung wäre, übrig gebliebenen Wein so bald wie möglich zu trinken, um ihn noch in gutem Zustand genießen zu können.

Aber eine angebrochene Flasche optimal aufzubewahren kann schwierig sein, und wie lange der Wein dann frisch bleibt, hängt davon ab, um was für einen Wein es sich handelt, woher er stammt und wie viel Flüssigkeit sich noch in der Flasche befindet. Beim Aufbewahren von Wein machen die meisten große Fehler.

„Die Angst, eine angebrochene Flasche zu finden, die mit Alu- oder Klarsichtfolie verschlossen oder – noch schlimmer – einfach offen drinsteht, ist für mich schrecklich."

Es gehört zwar nicht zu meinen Gewohnheiten, die Kühlschränke anderer Leute zu inspizieren, aber die Angst, eine angebrochene Flasche zu finden, die mit Alu- oder Klarsichtfolie verschlossen oder – noch schlimmer – einfach offen drinsteht, ist für mich schrecklich. Ich gebe zu, dass ich in solchen Dingen etwas pedantisch bin, aber wenn ein paar kleine Veränderungen in der Art und Weise, wie Sie eine offene Flasche verschließen und aufbewahren, dazu führt, dass Sie den Wein ein oder zwei Tage länger genießen können, lohnt sich die Pedanterie doch allemal, oder?

Zu beachten ist, dass sich ein junger Wein an der Luft im Allgemeinen besser hält als ein älterer. Wenn Sie also einen edlen alten Tropfen öffnen, bleibt Ihnen das immer als gute Entschuldigung, die Flasche zügig zu leeren.

Zubehör

Das ewig wachsende Angebot an Weinzubehör bringt es mit sich, dass es tausendundeine Möglichkeit gibt – die meisten habe ich natürlich schon ausprobiert: Gummistopfen, Vakuumpumpen, Stickstoff, sogar Mutters Folie-und-Gummiband-Methode. Und wissen Sie, was? Die meisten, nicht alle, haben mehr oder weniger denselben Effekt wie der Originalkorken, den Sie wieder in die Flasche stopfen. Kein Witz.

Wenn Sie sich also verzweifelt fragen, was Sie – außer sie auszutrinken – mit einer halb leeren Flasche Wein anstellen sollen, hier einige Vorschläge.

Verschluss mit Feder (links)

Solche Verschlüsse werden meist zur Aufbewahrung von Champagner und anderem Schaumwein verwendet. Sie lassen keine Luft aus der Flasche, sondern lassen Druck entstehen, der die Perlage erhalten soll: ein einfacher und effektiver Verschluss und im Vergleich zum silbernen Löffel eindeutig die bessere Alternative.

Diese Verschlüsse gibt es auch für Wein, in dem Fall erfüllt sie aber keinen anderen Zweck als ein wieder eingesetzter Korken.

Vakuumpumpen

Mit diesen kann man einen großen Teil des überflüssigen Sauerstoffs aus einer angebrochenen Flasche entfernen, der dafür nötige Gummistopfen bildet dann einen luftdichten Verschluss. Dieses Verfahren ist großartig, wenn man selten Wein aufbewahren muss. Der Gummiverschluss, der über eine Art Ventil verfügt, wird in die Flasche gesteckt und die in der Flasche verbliebene Luft mit einer Handpumpe abgesaugt. Diese Pumpen eignen sich zwar gut zum Entfernen eingeschlossener Luft, sie können aber auch dem Wein etwas von seinem Aroma nehmen.

Stickstoff

Das klingt schon sehr extrem: Um den Wein zu konservieren, wird komprimierter Stickstoff in die angebrochene Flasche geblasen. Der Stickstoff verdrängt die sauerstoffreiche Luft und bildet eine Schicht über dem Wein, die ihn vor dem Sauerstoff schützt. Da dieses Verfahren weder eine Bewegung noch Pumpen erfordert, ist es auch eine der sanftesten Aufbewahrungsmethoden. Es ist nur die Frage, wie gerne Sie mit Hightech-Equipment umgehen.

Kühlung (oben)

Angebrochene Flaschen – egal ob Rot-, Weiß-, Süß- oder Schaumwein – in den Kühlschrank zu stellen verlängert eindeutig die Lebensdauer des Weins. Durch die Kühlung werden die chemischen Reaktionen, die Wein oxidieren lassen, wirkungsvoll verlangsamt. Wenn immer möglich, reduzieren Sie die Sauerstoffmenge in der Flasche vor dem Kühlen, indem Sie den Wein in eine kleinere Flasche umfüllen.

Umfüllen

Ja, das simple Verfahren, den Wein in eine kleinere Flasche umzufüllen, hält ihn länger frisch. Um wie viel länger, das hängt von dem jeweiligen Wein ab, aber der Oxidationsprozess wird auf jeden Fall verlangsamt, wenn man das Verhältnis von Sauerstoff zu Wein verringert. Saft- oder Mineralwasserflaschen leisten hier gute Dienste. Sie sollten jedoch zuvor gut mit heißem Wasser (ohne Spülmittel) ausgespült werden und einen luftdichten Verschluss haben.

Die ungeöffnete Flasche

Wein ist eine komplexe Mischung aus Hunderten von chemischen Verbindungen, die sich bilden, wenn die Trauben wachsen, der Saft gärt und der Wein reift. Darüber hinaus braucht Wein für seine Entwicklung und Reifung Sauerstoff. Das ist ein langsamer und allmählicher Prozess, der viele Monate dauert.

Sauerstoff beeinflusst Wein auf zweierlei Weise. Zunächst in der Flasche. Wein enthält Millionen winzig kleiner Sauerstoffmoleküle – mehr als genug, um sicherzustellen, dass sie die Flüssigkeit, in der sie sich befinden, beeinflussen können. Ohne Unterstützung ist dies ein sehr langsam verlaufender Prozess.

Zweitens lassen echte Korken, ein von Natur aus durchlässiges Material, einen langsamen, stetigen Sauerstofftransfer zwischen der Welt außerhalb der Flasche und der Flüssigkeit in der Flasche zu. Dieser Prozess hat einen deutlich rascher eintretenden und wahrnehmbaren Effekt auf den Inhalt der Flasche.

Man darf jedoch nicht vergessen, dass nicht alle Weine im gleichen Tempo altern und man auch nicht immer dasselbe Ergebnis erhält. Diese Dinge werden davon bestimmt, um welchen Wein es sich handelt, woher und aus welchem Jahr er stammt und wie er bereitet wurde.

Wird jeder Wein mit zunehmendem Alter besser?

Wenn es nur so wäre! Viele Weine werden mit der Zeit tatsächlich besser, genauso viele aber nicht. Schlechter Wein wird nicht besser, er wird einfach nur zu einem alten schlechten Wein.

Zunächst muss das Ausgangsmaterial wirklich gut sein. Es gibt sowohl sichere wie auch unsichere Faktoren, die bestimmen, wie ein Wein sich entwickeln wird. Fest steht, dass nicht alle Rebsorten und Weinarten altern können, auch gibt es keine Garantie dafür, dass sich ein alterungsfähiger Wein tatsächlich gut entwickelt. Die unsicheren Faktoren betreffen die Bereitung und die Lagerung. Es ist ein wenig wie beim Kochen. Sie beginnen mit den besten Zutaten der Welt und können trotzdem das Gericht komplett verderben. Mangelnde Sorgfalt bei der Weinbereitung hat häufig Einfluss auf die Alterungsfähigkeit eines Weins, schlechte Bedingungen bei der Lagerung wirken sich ebenso negativ aus.

Zwar ist es immer noch größtenteils ein Geheimnis, warum Wein sich mit dem Alter entwickelt. Was wir wissen, ist, dass diese Veränderungen auf einem kontinuierlichen chemischen Umbau in der Molekularstruktur des Weins beruhen (siehe unten). Als Folge davon vollziehen sich eine Reihe wahrnehmbarer Veränderungen, die ich auf Seite 143 beschreibe. Am wichtigsten aber ist der Grundsatz, dass es immer besser ist, einen Wein zu jung als zu alt zu trinken.

....

Wie sich die Struktur eines Weins beim Altern verändert

1. Polyphenole bei Rotwein
Dies sind Farb- und Geschmacksstoffe aus den Traubenschalen. Zu ihnen gehören

– **Tannine**
Gerbstoffmoleküle verbinden sich (polymerisieren) im Lauf der Zeit und bilden im Wein ein Depot – das weist hellere, ins Orange gehende Farben auf.

– **Anthocyane**
Mit diesen dunklen, purpurroten Molekülen passiert das Gleiche wie mit den Tanninen, jedoch rascher; im Wein verbleiben die leichteren Tannine und helleren Farben.

2. Gesteuerte Oxidation bei Weißwein
Bei der Reifung im Holzfass gelangt eine gewisse Menge Sauerstoff durch das Holz in den Wein, was ihn dunkler werden lässt, hin zu goldenen Farbtönen.

3. Karamellisierung bei Weißwein
In Süßwein karamellisiert im Lauf der Zeit der Zucker, der unvergoren im Wein verblieben ist. Der Wein wird dunkler und bekommt eine tiefere goldene Farbe.

....

RECHTS Verstaubte, mit Schimmel und Spinnweben überzogene alte Flaschen wirken sehr romantisch, aber Vorsicht ist geboten, da nicht alle Weine die Struktur haben, gut zu altern.

Wie sich Wein im Lauf der Zeit verändert

Fügen wir der Gleichung Sauerstoff hinzu, wird es richtig spannend. Der Sauerstoff wirkt sanft, aber nachhaltig auf den Wein ein, dessen Moleküle sich von ihm „ernähren". So ändern sich allmählich Farbe, Aroma, Geschmack und Struktur. Der Vorgang ist ebenso natürlich wie kompliziert.

Farbe

Das Aussehen eines Weins ist das Erste, was Sie wahrnehmen werden. In der Regel werden Weißweine mit zunehmendem Alter dunkler, Rotweine heller.

Die mehr oder weniger einheitliche Farbintensität ist ebenfalls ein gutes Zeichen für das Alter eines Weins. Wenn Sie das Glas leicht geneigt halten, werden Sie feststellen, dass älterer Wein zum Rand des Glases hin blasser wird und auch die Farbe sich verändert. Viele Rotweine nehmen im Lauf der Zeit bräunliche Farbtöne an.

Duft

Der Duft von altem Wein kann unglaublich sein, so gut, dass man sich kaum traut, ihn zu trinken. Er kann aber auch der reinste Schock sein, besonders wenn Sie, wie die meisten unter uns, normalerweise jungen Wein trinken. Zunächst entwickeln sich die primären Aromen von den Trauben – all die herrlichen, frisch-fruchtigen Noten, die wir an jungem Wein schätzen – und verschwinden dann allmählich. Die strahlenden Fruchtaromen überlassen einem weicheren, komplexeren Bukett das Feld, und wir können allmählich die sogenannten Sekundäraromen wahrnehmen. Es sind Aromen, die sich im Wein entwickeln und von Gewürzen, Nüssen und Erde bis hin zu Tabak, Pilzen, Stallgeruch oder Leder reichen können.

Geschmack

Wie das Aroma reifen auch die Geschmacksnoten eines Weins heran. Aus frisch und fruchtig wird dunkler, tiefer und komplexer. Wenn Sie bei einem Menü einen jungen und einen alten Wein trinken, wird der junge Wein intensiver, aber weniger komplex schmecken als der alte. Die richtige Reihenfolge ergibt sich aus der Abfolge der Speisen, zu der die Weine gewählt werden.

Textur

Wenn Wein älter wird, ändert sich die Art und Weise, wie wir ihn im Mund wahrnehmen, im Vergleich zum jungen Wein erheblich. Am eindeutigsten ist, dass er weniger Körper hat. Der Grund dafür ist, dass wichtige chemische Verbindungen, die im Wein vorhanden waren, vor allem Tannine und Farbstoffe, auskristallisieren und aus dem Wein ausfallen. Sie bilden nun das, was wir als Bodensatz bezeichnen.

Säure, die in jungem Wein als „scharf" oder „prickelnd" anmuten kann, wird meist weicher, bis zu dem Punkt, an dem sie nicht mehr spürbar ist. In Rotwein verbinden sich Tannine, die als komplexe Polyphenolketten vorhanden sind, mit anderen Molekülketten und bilden so noch viel längere, komplexere Ketten; im Mund sorgt dies für den Eindruck, dass der Wein weicher geworden ist.

LINKS Wenn Sie den Duft eines Weins aufmerksam prüfen, bekommen Sie ein umfassenderes Bild von dem Wein, als wenn Sie ihn nur trinken, ohne die Aromen wahrzunehmen. Beim Reifen entwickelt er eine ganze Reihe ungewöhnlicher Aromen – nehmen Sie sich die Zeit, ihnen nachzuspüren.

Wein, der jung zu trinken ist

Dies sind die Rebsorten und Weintypen, die Sie trinken sollten, sobald sie im Laden stehen. Es sind die „Sprinter" in der Welt des Weins.

Auf einen Blick: Wein, der jung zu trinken ist

- Prosecco, Cava und viele preiswerte Schaumweine aus der Neuen Welt
- aromatische Weißweine: Sémillon-Sauvignon-Verschnitte, Sauvignon Blanc, Gewürztraminer, Verdelho, Verdejo
- die meisten Pinot Grigios
- die meisten Roséweine
- eine Handvoll Rotweine: Beaujolais, Dolcetto, Barbera, Merlot aus der Neuen Welt
- die meisten Likörweine und Sherry

Zum einen Teil sind dies Weine, die auf ihre jugendliche Frische bauen, zum anderen werden bei der Weinbereitung Verfahren eingesetzt, die verhindern, dass sich der Wein im Alter weiterentwickelt.

Schaumweine

Prosecco, Cava und viele preiswertere Schaumweine aus der Neuen Welt sind hervorragend dazu geeignet, jung getrunken zu werden, am besten innerhalb der ersten zwölf Monate. So bleiben die reinen Aromen und Geschmacksnoten wie auch die kräftige Säure optimal erhalten.

Weißweine

Mehr oder weniger aus demselben Grund sind auch aromatische Weißweine wie Sauvignon Blanc – aus Alter und Neuer Welt –, Sémillon-Sauvignon-Verschnitte, Gewürztraminer, Verdelho und Verdejo nie besser als nach ihrer Marktreife. Auch die meisten Pinot Grigios gehören in diese Gruppe. Das sind alles unmittelbar zu trinkende Weine, die nach 12 bis 18 Monaten in der Flasche ihre herrlichen Aromen verlieren und fade werden.

Roséweine

Rosé-Fans, aufgepasst! Das Besondere der meisten Rosés liegt in ihrer aromatischen Frische, gehen Sie mit ihnen daher ebenso um wie mit den genannten Weißweinen.

Rotweine

Eine Handvoll roter Rebsorten und Weintypen, einschließlich derer, die nicht in Eiche ausgebaut werden, sind meist auch für den Genuss in ihrer Jugend geeignet: Beaujolais (Gamay), Dolcetto, Barbera, Merlot sind alles gute Beispiele für Rotweine, die jung – und nach Gusto leicht gekühlt – getrunken werden können; so passen sie auch besonders gut zu scharf gewürzten Gerichten.

Likörweine und Sherry

Schließlich gibt es Verfahren der Weinbereitung, die eine Weiter-entwicklung verhindern, so bei den Likörweinen (deren Gärung durch Zugabe von Alkohol gestoppt wird) und bei Sherry. Der zusätzliche Alkohol trägt dazu bei, dass Aroma und Geschmack erhalten bleiben. Auch wenn diese sich durchaus halten, empfiehlt sich ein früher Genuss; die Kraft der Frucht verblasst, wenn aufgespritete Likörweine und Sherry zu lange aufbewahrt werden. Das gilt in besonderem Maß für köstlich trockene, frische Sherrys wie Manzanilla und Fino.

RECHTS Das Schöne an den meisten Weinen ist, dass sie für den sofortigen Genuss gedacht sind und so für den nächsten Jahrgang Platz machen.

Wein, der etwas Zeit braucht

Schon ein, zwei Jahre im Keller machen viele Weine besser – was angenehmerweise auch heißt, dass Sie nicht zu lange warten müssen.

Auf einen Blick: Wein, der etwas Zeit braucht

- jahrgangsloser Champagner
- Chardonnay aus der Neuen Welt, Marsanne und Viognier sowie Verschnitte aus den Letzteren
- Pinot Noir, Syrah/Shiraz, Nebbiolo, Tempranillo und Grenache

RECHTS Sie können sogar preiswerte und andere Weine, von denen man nicht erwartet, dass sie sich entwickeln, ein paar Jahre lagern. Das Ergebnis kann eine sehr angenehme Überraschung sein.

Eine Schonfrist von ein, zwei Jahren im Keller trägt wesentlich dazu bei, aggressive Säure bei jungem Wein abzumildern und die sehr grünen, rauen Tannine, über die junger Rotwein verfügen kann, abzubauen, runder zu machen und in die Struktur zu integrieren. Im Folgenden gebe ich einen kleinen Überblick, welche Rebsorten und welche Weine für eine kurze Auszeit an einem kühlen, dunklen, ruhigen Ort dankbar sind.

Champagner

Ein verbreiteter Irrglaube ist, dass sich jahrgangsloser Champagner im Lauf der Zeit nicht entwickelt. Falsch. Die meisten Champagnerhäuser und die Erzeuger von Spitzenschaumwein machen unterschiedliche Weine. Das Gros der Produktion machen jahrgangslose Champagner bzw. Schaumweine aus, die den Stil des Hauses bestimmen. Sie gleichen einem Weinpuzzle: Sie werden aus den Weinen mehrerer Jahrgänge komponiert, sodass sie Jahr für Jahr gleich sind. Viele jahrgangslose Schaumweine nehmen im Alter eine goldene Farbe an, in der Nase wie auch im Mund sind sie dann deutlich süßer und runder, ihr Aroma lässt üppige Zitrusnoten erkennen.

Weißweine

Da zahlreiche Chardonnays aus der Neuen Welt heute auf ein gewisses Alterungspotenzial und die Eigenschaft als guter Essensbegleiter Wert legen, tut es ihnen definitiv gut, wenn man sie einige Jahre im Keller ruhen lässt. Noch vor einigen Jahren wäre das vollkommen anders gewesen. Marsanne und Viognier wie auch Verschnitte aus diesen beiden Rebsorten zeigen sich nach ein bis zwei Jahren im Keller ebenfalls von ihrer besseren Seite.

Rotweine

Am meisten profitieren hier Weine aus roten Rebsorten wie Pinot Noir (auch solche aus der Neuen Welt), Syrah sowie aus warmen Gegenden die Sorten Shiraz, Nebbiolo, Sangiovese, Tempranillo und Grenache. Sie alle sind häufig für einige Jahre im Keller dankbar, wo sie weicher werden und eine gefälligere, besser integrierte Struktur entwickeln.

Die Entwicklung eines Weins verfolgen

Es ist sehr interessant, einmal zu experimentieren und einen bestimmten Wein einige Jahre reifen zu lassen. Man kauft sich zum Beispiel sechs Flaschen von ein und derselben Sorte und verfolgt die Entwicklung des Weins, indem man zu unterschiedlichen Zeitpunkten eine Flasche öffnet: unmittelbar nach dem Kauf, sechs Monate später, nach einem Jahr usw. Wenn Sie dann feststellen, dass sich der Wein schneller entwickelt, als Sie dachten, können Sie die anderen Flaschen auf dem Höhepunkt genießen.

Wein, den man am besten im Keller vergisst

Und dann gibt es ein paar Rebsorten und Weine, die man am besten in Ruhe lässt – nicht für immer, aber lange genug, damit sie sich entfalten, weicher und runder werden, sich entwickeln und reifen.

Auf einen Blick: Wein, den man am besten im Keller vergisst

- Jahrgangschampagner und -schaumwein
- Riesling, Sémillon und Chardonnay aus der Alten Welt (einschließlich Chablis)
- Cabernet Sauvignon
- edelfaule Süßweine und Jahrgangsportweine

RECHTS Wer in große Weine investieren möchte, muss ihnen auch das richtige Zuhause bereitstellen. Ein richtiger Weinkeller ist das A und O, um den Wein optimal zu lagern und seinen Wert zu sichern.

Dies sind die Langschläfer: die Rebsorten und Weine, die die Struktur für lange Distanzen besitzen – die Weine mit wirklichem Stehvermögen.

Champagner

Jahrgangschampagner und -schaumwein wird nur in bestimmten Jahren erzeugt, und zwar in solchen, in denen der Winzer meint, dass die Natur besonders gut zu ihm war. Diese Tropfen sollen die Eigenschaften und Vorzüge ihres Jahrgangs kristallklar wiedergeben. Die besten Vertreter können aufgrund eines atemberaubenden Säurelevels und ihrer großen Ausgewogenheit exzellent altern.

Weißweine

Auf ähnliche Weise haben Riesling und Sémillon, die schon in der Jugend köstlich sind, eine unglaubliche Fähigkeit, weiter und weiter zu leben, und überleben dabei mühelos die meisten anderen Sorten, ob weiß oder rot. Die größten unter ihnen überdauern Jahrzehnte und entwickeln sich zu komplexen, von Toast- und Zitrusaromen geprägten Weinen von großer Tiefe und Reinheit. Chardonnay aus der Alten Welt einschließlich Chablis braucht häufig Zeit, um sich zu entfalten und zu entwickeln, wobei die primären Fruchtaromen köstlichen sekundären Aromen und Geschmacksnoten weichen.

Rotweine

In der Familie der roten Rebsorten ist Cabernet der Überlebenskünstler. Die dicken Schalen bedeuten mehr Tannin, das – vorausgesetzt, er hat hinreichend Frucht – für außergewöhnlich kraftvolle und langlebige Weine sorgen kann.

Süßweine

Süßweine, die ihren verführerischen Charakter der Edelfäule verdanken, wie auch Jahrgangsportweine brauchen häufig Jahrzehnte im Keller, bevor sie sich allmählich von ihrer besten Seite zeigen. Der einzige und große Nachteil ist, dass man entsprechend Geduld und Selbstdisziplin aufbringen muss!

Die Auswahl von lagerungsfähigem Wein

Investiert man in Wein, geht es häufig um große Summen, weshalb die Wahl gut überlegt sein will. Ich werde dazu später mehr sagen, aber so viel möchte ich Ihnen schon jetzt ans Herz legen: Nützen Sie sämtliche Informationen, die Ihnen zur Verfügung stehen, vom Internet über die Weinhändler bis hin zu Zeitschriften und Büchern (aus der ganzen Welt).

Der Keller

Kurz nachdem ich meinen ersten Job im Weinhandel angetreten hatte, wurde einer meiner besten Freunde einundzwanzig. Ich dachte, ein wirklich besonderer Tropfen — einer, den er Jahrzehnte lagern könnte — wäre ein passendes Geschenk für diese Gelegenheit.

Der Penfolds Grange 1991 war soeben ausgeliefert worden. Ich kalkulierte meinen Mitarbeiterrabatt, und weil ich damals noch wenig Ahnung hatte, was die Weine wert waren, nahm ich eine Flasche von der absoluten Ikone des australischen Weins — für einen 21-Jährigen, dessen Hobbys von Sex bis Drugs und Rock 'n' Roll reichten, musste das das perfekte Geschenk sein.

Er schien meine Geste auch echt zu schätzen, aber sein Vater, ein großer Weinliebhaber, war entsetzt, und das aus gutem Grund. Das Problem war, dass Matt in einer Studentenkommune wohnte, die in puncto Chaos keine Wünsche offenließ.

Jahrelang fristete dann diese Flasche Penfolds Grange ihr Dasein hinten im Kleiderschrank versteckt. So konnte sie vor den Exzessen manch einer der Sessions um vier Uhr morgens bewahrt werden, bis Matt eines Tags genau rechtzeitig nach Hause kam, um zu seinem Entsetzen mitzuerleben, wie ein Mitbewohner den Korken aus seiner kostbaren Flasche zog.

Genau das ist einer der Gründe, warum Sie einen Weinkeller brauchen.

Eine kurze Geschichte vom langen Lagern

Wenn Sie irgendwo einige besondere Flaschen Wein herumliegen haben sollten, irgendwo, wo sie gar nicht liegen sollten, ist es an der Zeit, sie woanders unterzubringen. Sie erinnern sich: Wein lebt, und Sie sollten dementsprechend für Ihre Flaschen sorgen.

Im Jahr 1916 verließ der Schoner „Jönköping" den schwedischen Hafen Gävle mit Kurs auf Finnland. An Bord hatte er 4400 Flaschen Champagner Heidsieck „Goût Americain", bestimmt für das Offizierskorps des Zarenreichs. Kurz vor dem Ziel wurde die „Jönköping" von dem deutschen U-Boot U 22 gestellt und mit Mann und Maus – und der kompletten kostbaren Ladung – auf den finnischen Meeresboden geschickt.

Etwa 80 Jahre später konnten zwei Taucher mithilfe von Sonargeräten das Schiff ausfindig machen, es begannen Bergungsarbeiten. Die zwei konnten ihren Augen kaum glauben: Dort zwischen den Wrackteilen lag nach wie vor der Großteil des Champagners.

Auf wundersame Weise hatten die Flaschen samt den Korken dem Druck standgehalten. Das dunkle, eiskalte Wasser hatte einen Zustand des Scheintods herbeigeführt, der den Inhalt der Flaschen schützte und konservierte. Die Taucher sicherten sich rasch die Rechte an der Ladung – mit einem geschätzten Wert von 20 bis 70 Millionen US-Dollar – und setzten die Bergung fort.

Schon bald darauf erzielte der geborgene Champagner bei Christie's Rekordsummen, ein europäischer Käufer zahlte über 4000 US-Dollar pro Flasche – bis zum heutigen Tag der höchste Preis, der jemals bei einer Auktion für eine Flasche Champagner erzielt wurde. Was lernen wir aus dieser Geschichte?

Einen Ort zu finden, der die geeigneten Bedingungen zur Lagerung Ihres Weins bietet, ist von größter Bedeutung. Die Idee, Wein zu lagern, klingt vielleicht schrecklich kompliziert und aufwendig, doch ist es in Wirklichkeit nicht schwer, einfache und erschwingliche Lagermöglichkeiten zu schaffen, auch muss man dazu nicht wirklich viel über Wein wissen.

LINKS Es ist ziemlich unwahrscheinlich, dass Sie jemals auf einen solchen Wein bieten werden. Auktionen bringen faszinierende Geschichten über das Leben so manchen Weins ans Tageslicht.

Die Anlage eines Weinkellers

Ich kann verstehen, dass Sie die Vorstellung eines eigenen Weinkellers eher abschreckt. Für die meisten von uns hat die Idee, einen Weinkeller einzurichten, wohl einen ähnlichen Stellenwert wie die nächste Steuererklärung.

Auf einen Blick – Bedingungen für einen Weinkeller

- Temperatur: gleichbleibende 11–15 °C
- Luftfeuchtigkeit: 50–70 %
- Licht: idealerweise völlig dunkel
- Erschütterungen: keine

RECHTS Ein echter Weinkeller ist ein Luxus, den man sich – wenn man die Möglichkeit dazu hat – leisten sollte. Für die Gestaltung der Regalwände gibt es eine ganze Reihe einfach zu handhabender Systeme.

Sind Weinkeller nicht etwas für die wirklich betuchten, wahren Weinliebhaber? Sind sie nicht die Domäne derjenigen, die immer noch einen Schlips tragen, obwohl er schon vor mindestens zwei Jahrzehnten aus der Mode gekommen ist? Nein.

Schlicht oder anspruchsvoll

Sie müssen nicht viel über Wein wissen, um einen Keller zu besitzen. Und Ihr Keller kann schlicht sein – etwa ein Stapel Kartons in der Ecke eines Kellerabteils – oder anspruchsvoll, zum Beispiel ein nach allen Regeln der Kunst gestalteter unterirdischer Gewölbekeller.

Im Grunde ist es doch so: Wenn bei Ihnen mehr als nur ein paar Flaschen herumliegen, sollten Sie sie vernünftig lagern, und das geht auf jeden Fall besser mit einem eigens dafür eingerichteten Raum. Es spielt keine Rolle, wie glamourös er ist, Hauptsache, er erfüllt einige Grundbedingungen.

Bedingungen für einen Weinkeller

Es gibt einiges, was Sie beachten sollten, bevor Sie zur Einstimmung auf die neue Weinsammlung beginnen, den Schrank im Flur leer zu räumen. Wein ist eine hochsensible Flüssigkeit, die Veränderungen überhaupt nicht

schätzt. Er mag keine dramatischen Temperaturschwankungen, schätzt aber Feuchtigkeit. Auch ist er lichtempfindlich und kein großer Freund von Erschütterungen.

„Nach der Luft ist Wärme der größte Feind des Weins."

Das neue Hobby klingt also nach ziemlich viel Aufwand. Aber es ist wirklich wichtig, all diese Dinge zu berücksichtigen, da eine unsachgemäße Lagerung den Wein um mehrere kostbare Lebensjahre bringen würde.

Temperatur

Nach der Luft ist Wärme der größte Feind des Weins. Stabilität ohne Schwankungen ist es, was Sie hier brauchen: einen angenehmen kühlen Ort mit einigermaßen gleichbleibender Temperatur. Während allmähliche Temperatursteigerungen über einen gewissen Zeitraum kein Anlass zur Sorge sind, sind plötzliche Steigerungen dies sehr wohl.

Idealerweise sorgen Sie für eine stabile Temperatur irgendwo zwischen 11 und 15 °C. Mit einem Digitalthermometer lässt sich das am besten überprüfen.

Ich kann nicht genug betonen, wie wichtig dies ist: Bei der falschen Temperatur riskieren Sie, dass der Wein verdirbt. So einfach ist es. Bei großer Wärme quellen unter Umständen die Korken, und die Flaschen werden undicht. Ist es zu kalt (das ist aber weniger schlimm als zu warm), riskieren Sie, dass sich ein Bodensatz im Wein bildet. In Weißwein sind dies helle Kristalle, in Rotwein bilden sich dunkle Kristalle und ein feinkörniges Sediment.

Mir persönlich scheint Rotwein, vor allem die robusten, körperreichen Tropfen, am besten mit Temperaturschwankungen klarzukommen, während feine, zarte Weißweine erwartungsgemäß am ehesten darunter leiden.

Feuchtigkeit

Auch das Maß an Luftfeuchtigkeit im Keller ist entscheidend: Es muss einige Feuchtigkeit in der Luft sein; idealerweise sollte der Feuchtigkeitsgehalt mehr als 50 % betragen, aber unter 70 % bleiben. In erster Linie sollen dadurch die Korken feucht bleiben. Aus diesem Grund werden die Flaschen auch liegend gelagert. Trocknet ein Korken aus, verliert er seine natürliche Elastizität, schrumpft und wird spröde. Wie Sie sich

vorstellen können, entstehen dann unter Umständen aufgrund der Oxidation alle möglichen Probleme. Einfache Systeme zur Luftbefeuchtung gibt es u. a. in den Baumärkten.

Licht

Es ist kein Zufall, dass Wein meistens in grünen Flaschen abgefüllt wird. Wein ist lichtempfindlich, und wenn er dem Licht länger ausgesetzt ist, insbesondere direktem Sonnenlicht, nimmt er irreparablen Schaden. Der ideale Weinkeller ist daher dunkel. Jede Form von Beleuchtung, die Sie installieren, sollte eine geringe Leistung aufweisen. Vermeiden Sie direktes Licht von Halogen- oder Neonlampen.

Erschütterungen

Bewegt werden, das mag Wein überhaupt nicht. Schließlich entwickelt er sich durch fortwährende chemische Austauschprozesse, die langsam über einen großen Zeitraum hinweg stattfinden. Bewegungen können diesen Prozess stören, und besonders vorsichtig muss man bei Vibrationen sein. Schall ist hier häufig der größte Störfaktor, weshalb man den Wein nicht in der Nähe von Straßen und Fenstern lagern sollte.

Ort

Plätze wie oben auf dem Kühlschrank, neben dem Durchlauferhitzer oder hinten im Schrank sind wohl ein für alle Mal tabu. Ihr Wein hat Besseres verdient.

Unter Berücksichtigung der bisher genannten Faktoren sollten Sie eine Liste mit allen geeigneten Orten zusammenstellen. Und wenn Sie keinen finden können, dann schaffen Sie einen. Unter Umständen müssen Sie dazu etwas erfinderisch sein. Auf jeden Fall sollten Sie aber alle erwähnten Punkte berücksichtigen.

Stehend oder liegend?

Traditionell haben wir es eher liegend gemacht – Weinflaschen gelagert, meine ich. Flaschen werden hingelegt, nicht nur um den Korken feucht zu halten, sondern auch weil es eine einfache, übersichtliche und platzsparende Lagermöglichkeit ist. Die zunehmende Verwendung des Schraubverschlusses hat jedoch eine Alternative gebracht und die Ära des senkrecht bestückten Weinkellers eingeläutet. Da hier kein Korken mehr feucht gehalten werden muss, ist es kein Problem mehr, die Flaschen senkrecht stehend zu lagern.

Wein lagern

Hier bieten sich allerlei Möglichkeiten an, von einfachen Regalen, die selbst die Ungeschicktesten unter uns zusammenbauen können, bis hin zu großen, professionell betriebenen Lagerhallen, die mühelos Ihre gesamte Sammlung aufnehmen und verwalten.

Was Sie brauchen, wird von Ihrer Weinsammlung bestimmt. Im Folgenden stelle ich einige Lagermöglichkeiten vor und beschreibe, wie sie sich voneinander unterscheiden.

Kurzzeitlösungen

Damit meine ich die einfachsten und erschwinglichsten Weinregale zum Selbstbauen, wie sie in den meisten Geschäften für Haushaltswaren und Baumärkten angeboten werden. Meist bieten sie 12 bis 24 Flaschen Platz, die dort waagerecht und für kurze Zeit gelagert werden können. Für Flaschen, die Ihnen sehr am Herzen liegen, möchte ich jedoch empfehlen, sich die vorhergehenden Seiten zu den korrekten Lagerbedingungen nochmals durchzulesen.

Weinkühlschränke

Die zunehmende Beliebtheit des Weins hat einen großen Bedarf an geeigneten Lagermöglichkeiten entstehen lassen. Und da die meisten von uns nicht in stattlichen Villen leben, war der Bedarf an kompakten Lösungen zu keiner Zeit größer.

Eine Reihe von Firmen bieten Schränke zum Kühlen von Wein an, von kleinen Barschränken bis hin zu maßgeschneiderten Luxusschränken. Der Vorteil dieser Methode ist, dass sich Temperatur und Feuchtigkeit in den unterschiedlichen Bereichen des Kühlschranks unterschiedlich regeln lassen. So können Weißwein, Rotwein und Schaumwein in einem einzigen Schrank, aber in drei verschiedenen Temperaturbereichen gelagert werden – eine effektive, aber eindeutig auch die teuerste Lösung.

Der eigene Keller

Der normale Ort, über den die meisten von uns verfügen, ist der (zur Wohnung gehörende) Keller bzw. das Kellerabteil. Der Nachteil ist, dass man hier die Lagerbedingungen in den seltensten Fällen beeinflussen kann, und in modernen Häusern dürfte es oft um einiges zu warm sein. Prüfen Sie daher die Luftfeuchtigkeit und vor allem die Temperatur; wenn sie nicht in den angegebenen Bereichen liegen, sollten Sie nach einer anderen Möglichkeit suchen.

Professionelle Lagerung

Wenn Sie über die entsprechende Sammlung, aber nicht über ausreichend geeigneten Platz verfügen oder keine Lust haben, einen Keller zu verwalten, warum dann nicht diese Aufgabe in fremde Hände geben?

Heute fehlt es nicht an professionellen Lagerfirmen. Gegen eine Gebühr (häufig pro Weinkiste) werden Ihre Flaschen von der Firma abgeholt, katalogisiert und unter perfekten Bedingungen gelagert. Auf Wunsch werden Sie auch beraten, wann Sie den Wein am besten trinken und wie Sie ihn bei Versteigerungen anbieten. Und natürlich werden Ihnen die Flaschen geliefert, wenn Sie sie brauchen.

Wenn Sie es aushalten, von Ihrem Wein getrennt zu sein – das bringen nicht alle fertig –, und es sich leisten können, dann sind professionelle Weinkeller eine wunderbare Lagermöglichkeit.

Die preiswerte Lösung

Aber atmen Sie durch. Wenn Sie befürchten, Ihren Wein aufs Spiel zu setzen, weil Ihnen das Geld oder der Platz für einen Weinkeller fehlt, dann gibt es auch andere Möglichkeiten. Vorausgesetzt, Sie finden einen Ort mit einer konstanten niedrigen Temperatur, der weder Licht noch Erschütterungen ausgesetzt ist, dann können Sie – im schlimmsten Fall – Ihren Wein auch in Kartons aus Pappe oder Styropor lagern. Ich möchte zwar nicht empfehlen, den Wein dort über längere Zeit liegen zu lassen, es verhindert aber Schäden durch Lichteinfall und gewährleistet eine relativ konstante Temperatur; außerdem bieten solche Verpackungen den Flaschen einen gewissen Schutz.

In Wein investieren

Partys, Essen, Mobilität, Miete und Shopping (etwa in dieser Reihenfolge): Es gibt tausendundeine Möglichkeit, wie Sie Ihr sauer verdientes Geld ausgeben können. Für die meisten von uns stehen Investitionen in Wein – Wein, den man eine ganze Weile nicht trinken wird – nicht ganz oben auf der Agenda, wenn überhaupt: Den meisten von uns ist die Vorstellung, Geld in Wein zu investieren, einfach fremd.

Wenn Sie sich jedoch einmal zu einer Investition entschieden haben, müssen Sie zunächst klären, aus welchem Grund Sie in Wein investieren. Was haben Sie mit dem Wein vor? Wollen Sie ihn verkaufen oder selbst trinken? Es ist wichtig, in diesem Punkt klare Vorstellungen zu haben, da dies in großem Maße bestimmen wird, was Sie kaufen werden.

In diesem Abschnitt finden Sie einige Tipps, die Sie bei der Investition in Wein beherzigen sollten, und ich werde erläutern, welche Faktoren den Wert Ihrer Flaschen beeinflussen. Hoffentlich hilft es Ihnen, sich richtig zu entscheiden.

Zum Schluss noch dies: Sie brauchen keine Riesensummen, um mit der Anlage zu beginnen. Gehen Sie langsam und sicher vor, auch wenn es nur eine oder zwei Flaschen im Monat sind.

Warum sollten Sie in Wein investieren?

Wenn Sie überlegen, aus finanziellen Gründen in Wein zu investieren: Die Gewinne – vorausgesetzt, Sie haben Ihr Geld klug angelegt – können beachtlich sein.

Welche Risiken gibt es?

Ganz eindeutig besitzen Sie hier ein leicht verderbliches Produkt. Sie müssen daher – vor allem wenn es als Anlageobjekt dient – sicherstellen, dass es mit Sorgfalt behandelt wird.

• Die Preise können genauso schnell in den Keller gehen, wie sie steigen. Geht der ganze Markt auf Talfahrt, müssen Sie eventuell einen beträchtlichen Wertverlust verkraften.

• Die Kosten für den Verkauf Ihres Weins können recht hoch werden, und wenn Sie schnell verkaufen müssen, können hohe Maklergebühren anfallen.

• Gefälschten Wein gibt es überall. Sie müssen sich vergewissern, dass Sie Ihre Ware von einer zuverlässigen Quelle beziehen, und Sie müssen dem Wissen Ihres Händlers vertrauen können. Vergewissern Sie sich, dass Sie es mit einem angesehenen Händler zu tun haben, da viele bankrottgehen und auch ihre Kunden um ihr Geld bringen; unter Umständen verlieren Sie sogar Ihren Wein.

Aus diesem Grund entscheiden sich viele für eine Investition in Wein und nicht für konventionelle Anlagemöglichkeiten wie Aktien. Falls Sie sich nicht hundertprozentig sicher sind, wie Sie verfahren sollen, werden Sie die Hilfe eines Händlers oder Maklers brauchen. Ausgehend von Ihrem Budget stellt er das Weinkontingent für Sie zusammen, kauft und lagert ihn, verfolgt und berechnet die Gewinne, empfiehlt günstige Verkaufstermine und hilft dann auch beim Verkauf. Für all diese Tätigkeiten erhält er einen Anteil am Gewinn. Wie viel er bekommt, hängt davon ab, wie schnell Sie sich von Ihrem Wein trennen müssen und wie viel Sie verkaufen.

Aus Liebe investieren

Sie können aus finanziellen Gründen investieren, Sie können es aber auch aus Liebe tun. Ich persönlich habe noch nie eine Flasche erworben, um sie weiterzuverkaufen. Ich will nicht nahelegen, dass Sie genauso handeln, und es ist mir kein Problem, wenn andere ihre Flaschen weiterverkaufen. Aber ich liebe es einfach, dass sich Wein im Lauf der Zeit verändert und interessanter wird. Und ich liebe die Tatsache, dass jede Flasche eine Momentaufnahme einer Zeit und eines Orts darstellt – wie eine flüssige Zeitkapsel. Es ist schon eine erstaunliche Sache, einen Wein zu kaufen, den man mag, und ihn

beiseitezulegen, damit er reifen kann. Und es ist absolut beglückend, die Flaschen nach Jahren dann zu öffnen und den Wein zu genießen.

Wie viel Geld werden Sie brauchen?

Wie viel Sie anlegen müssen, wird von den Gründen für Ihre Investition bestimmt. Wollen Sie selbst den Nutzen haben, dann legen Sie ein Budget fest und weichen Sie nicht davon ab. Natürlich kann es flexibel gehandhabt werden, etwa wenn es mal einen Monat eng werden sollte oder wenn man gleich mehrmals zugreifen sollte.

> „Ich liebe die Tatsache, dass jede Flasche eine Momentaufnahme einer Zeit und eines Orts darstellt – wie eine flüssige Zeitkapsel."

Wenn Sie investieren, weil Sie finanziellen Gewinn anstreben, haben Sie aller Wahrscheinlichkeit nach eine deutlich größere Summe zur Verfügung. Ihre Kauftätigkeit wird sich dann auf beständige, bewährte Erzeuger konzentrieren, die Sie vermutlich – wegen ihres etablierten, verdienten Rufs und der wachsenden internationalen Nachfrage – um einiges ärmer machen werden.

Was bestimmt den Wert eines Weins?

Steigert jeder Wein seinen Wert? Die (sehr) kurze Antwort auf diese Frage lautet: Nein. Wie ich schon sagte, wird schlechter Wein im Alter nicht besser.

Selbst bei großem Wein gibt es keine Garantie, dass sein Wert steigen wird. Zahlreiche Faktoren tragen zu einer Wertsteigerung bei: Herkunft, Jahrgang, Produktion, Menge und vor allem der Ruf des Erzeugers. Sie alle spielen eine Rolle dabei, welcher Preis für einen Wein letztendlich verlangt und bezahlt wird.

Faktoren, die den Wert eines Weins bestimmen

1. Herkunft

Stellen Sie sich Weinregionen wie Wohnviertel vor. Einige sind „besser" als andere, folglich ist ein Besitz dort häufig mehr wert. Aber was genau macht eine Weinregion besser? Nehmen wir etwa Burgund oder das Bordelais in Frankreich: Überall ist es ein komplexes Zusammenspiel von Boden, Klima, kleinen Mengen, Integrität der Erzeuger und, vor allem, eine lange Liste exzellenter Weine. All diese Faktoren beeinflussen den Preis eines Weins aus einer bestimmten Region.

2. Jahrgang

Eines der besten Dinge an Wein ist, dass kein Jahrgang so ist wie ein anderer. Die Natur hat ihre Art, jedem Jahr ihren Stempel aufzudrücken, und manche Jahre sind besser als andere. In großen Jahren – wenn im Weinberg für den Winzer wirklich alles nach Wunsch lief – können die Preise auf breiter Front steigen. Und auch niedrige Erträge, Mengen, die unter dem üblichen Maß bleiben, können höhere Preise nach sich ziehen. Preissenkungen sind hingegen, wie beim Treibstoff, selten!

3. Erzeuger

Große Erzeuger bringen große Weine hervor, selbst in den schwierigsten Jahren, und haben somit einen etablierten und wohlverdienten Ruf. Das Problem ist, dass sie selten genug Wein erzeugen, um alle glücklich zu machen, weshalb die Nachfrage das Angebot übertrifft und die Preise hoch bleiben oder steigen. Mit zunehmendem Alter des Weins und stetig abnehmender Restmenge – die meisten Flaschen sind dann schlichtweg getrunken – wird der Wein, den Sie noch im Keller haben, umso wertvoller.

Wein als Anlage: Was man tun sollte

In Wein zu investieren kann unglaublich lohnen, es ist aber auch ein risikoreiches Unterfangen. Wie beim Kauf eines gebrauchten Gegenstands ist Vorsicht angebracht.

Hier sind die wichtigsten Dinge, die Sie beachten beziehungsweise besser lassen sollten (auf der nächsten Doppelseite).

Das A und O ist ein guter Händler oder Makler

Ungeachtet dessen, wie viel Sie über Wein wissen, ist ein vernünftiger Händler oder Makler auf jeden Fall eine unschätzbare Hilfe. Er ist Ihr Schlüssel zu guten Anlagen. Informieren Sie sich und stellen Sie sicher, dass Sie es mit einem gut etablierten Investor mit gesichertem Ruf zu tun haben.

Vergleichen Sie die Preise

Preisvergleiche bei mehreren Herstellern und Händlern bieten einerseits einen Überblick über die aktuelle Marktlage, andererseits können Sie auf diese Weise häufig den gleichen Wein zu deutlich günstigeren Preisen finden. Beziehen Sie Ihren Wein auf jeden Fall bei einer zuverlässigen Adresse, vor allem wenn Sie eine größere Summe anlegen möchten.

Achten Sie auf die Meinung der Kritiker

Weinkritiker kann man mögen oder nicht, ihr Einfluss ist aber unglaublich groß, und ihre Meinung hat auf den Preis eines Weins – vor allem eines renommierten, teuren – großen Einfluss. Prüfen Sie, welchen Kritikern man im Allgemeinen folgt, besuchen Sie ihre Websites, abonnieren Sie den Newsletter und: Setzen Sie die Empfehlungen möglichst frühzeitig in die Tat um!

Versichern Sie den Wein zum Marktwert

Eine Versicherung kann in Anspruch genommen werden, wenn der Händler insolvent ist. Sie deckt auch unvorhergesehene Schäden, die während der Lagerung eintreten können. Die bei Versteigerungen erzielten Preise geben Ihnen Richtwerte zum aktuellen Wert Ihres Weins, sodass Sie eine Unterdeckung vermeiden können.

Kaufen Sie in größeren Mengen

Kaufen Sie nach Möglichkeit drei oder mehr Dutzend Flaschen eines Weins auf einmal. Es kann dazu beitragen, Ihren Gewinn zu steigern, da Restaurants und andere Händler an größeren Mengen interessiert sind.

Prüfen Sie Herkunft und Zustand des Weins

Abgesehen einmal von Fälschungen ist es wirklich wichtig zu wissen, woher der Wein stammt, den Sie erwerben wollen, wie er dort gelagert wurde. Überprüfen Sie, ob der Füllstand annehmbar ist, die Etiketten keine Lichtschäden aufweisen und die Verschlüsse dicht sind.

RECHTS Es ist unabdingbar zu prüfen, ob die Flaschen, die Sie als Anlage erwerben wollen, auch tatsächlich vom genannten Ort und vom angegebenen Erzeuger stammen. Fälschungen sind durchaus in Umlauf, somit ist der Kauf über einen renommierten Händler oder Makler der sicherste Weg für eine gute Investition.

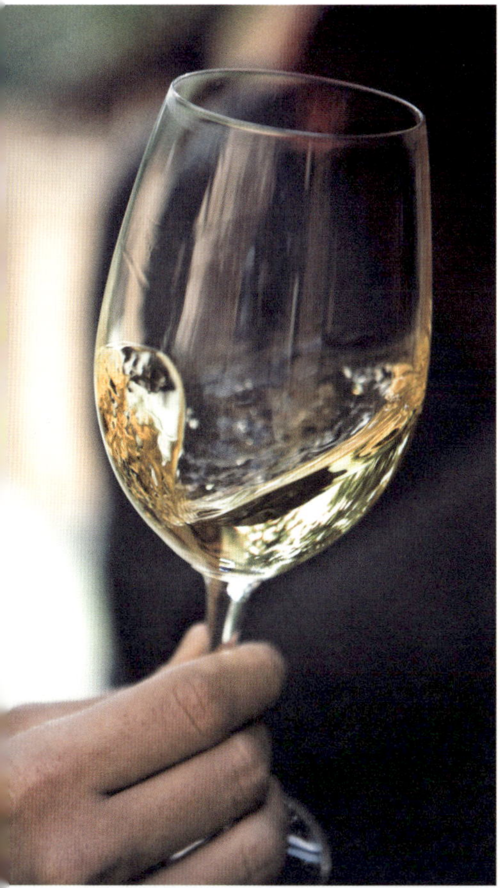

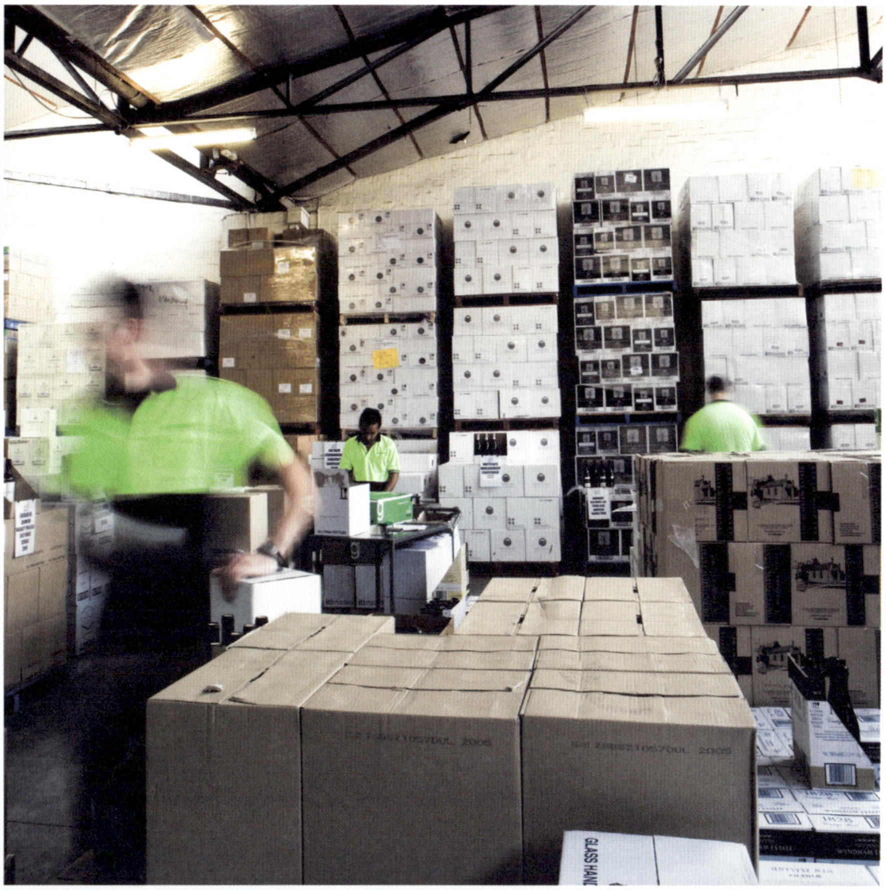

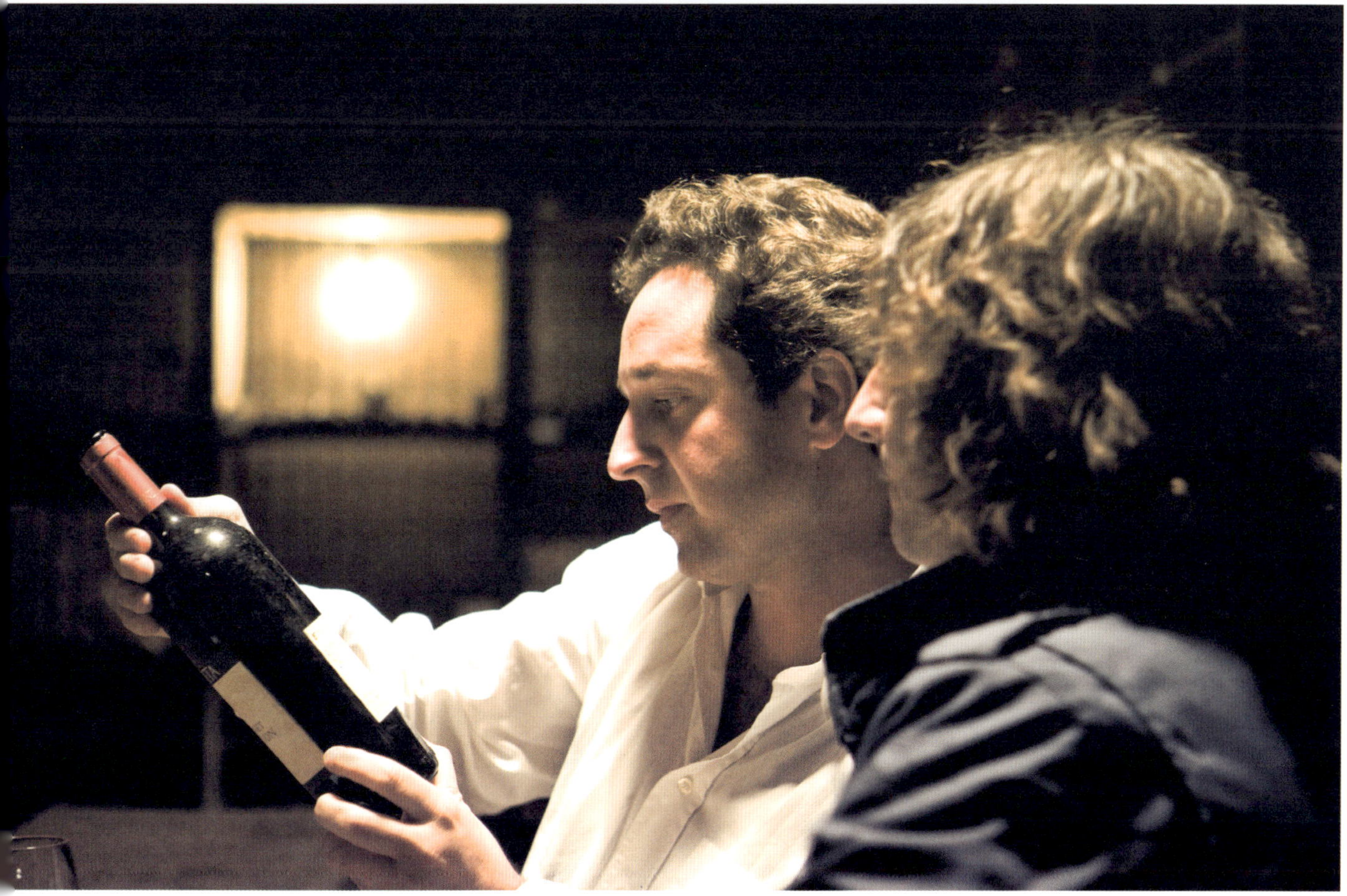

Wein als Anlage: Was man nicht tun sollte

Wer Wein als Anlageobjekt erwirbt, muss auch die Fallstricke kennen, und zwar bevor man über sie stolpert.

Wein ist eine langfristige Anlage
Mit Wein wirklich Geld zu verdienen dauert seine Zeit. Einige Weine steigen zwar deutlich schneller im Wert als andere, aber generell müssen Sie sich in Geduld fassen. Wenn die noch vorhandene Menge von Flaschen kleiner wird und der Wein den Höhepunkt seiner Trinkbarkeit erreicht, wird sein Preis steigen.

Kaufen Sie nicht einfach irgendeinen alten Wein
Wenn Sie Wein aus finanziellen Gründen erwerben, ist es wichtig, die persönlichen Vorlieben von solchen Weinen zu trennen, die wirklich Geld bringen. So werden Sie ein deutlich erfolgreicherer Anleger, als wenn Sie sich von Lieblingsweinen ködern lassen und meinen, genau die würden große Gewinne bringen.

Finger weg von Einzelflaschen
Der Wert eines Weins nimmt stark ab, wenn man einem potenziellen Käufer nicht nachweisen kann, dass der Wein korrekt gelagert wurde. Daher sollte Wein, den Sie weiterverkaufen wollen, im Originalkarton bleiben: Er schützt Ihren Wein, und ungeöffnete Kartons und Kisten erzielen immer die höchsten Preise.

Kümmern Sie sich nicht um den Medienrummel
Informieren Sie sich von Grund auf und genau über alles, was Sie als Anlage erwerben wollen. Bei der Spekulation um die Wertsteigerung von Wein kann man leicht in heillose Begeisterung geraten, vor allem da die Medien meist nur über die spektakulärsten Fälle berichten. Diese Meldungen sind selten für den gesamten Markt repräsentativ.

„Bei der Spekulation um die Wertsteigerung von Wein kann man leicht in heillose Begeisterung geraten, vor allem da die Medien meist nur über die spektakulärsten Fälle berichten."

Wein gehört nicht in die Garage
Nach allem, was wir angesprochen haben, sollten Sie nun dafür sorgen, dass Ihre Investition an einem sicheren Platz landet. Die meisten Händler können Tipps geben, wo Sie Ihren Wein lagern können, und gegen Entgelt übernehmen sie auch gerne die Lagerung für Sie.

LINKS Widerstehen Sie der Versuchung, einzelne Flaschen zu erwerben. Sie haben nicht die geringste Garantie, dass sie richtig gelagert wurden. Und vergessen Sie auch Ihre persönlichen Vorlieben; hier gilt es, eine objektive Auswahl zu treffen.

Einige Dinge, die ich über Wein und gesundes Leben gelernt habe

Noch vor nicht allzu langer Zeit galt Wein in der Welt der Medizin als großer Hoffnungsträger. In der Behandlung einer ganzen Reihe von Krankheiten und Verletzungen schien sich die Verbindung von Alkohol und Säure als eine sehr vorteilhafte Kombination zu erweisen, deren heilende Wirkung von Ärzten in der ganzen Welt gepriesen und „verordnet" wurde.

Doch gegen Ende des 20. Jahrhunderts machten Medizin und Technik große Fortschritte, neue Denkansätze waren zu verzeichnen. Und so wurde die gesundheitsfördernde oder heilende Wirkung des Weins zum ersten Mal unter Beachtung wissenschaftlicher Standards untersucht.

Mit den Denkansätzen der heutigen Zeit, weiterem medizinischem Fortschritt und dem breiten Interesse für Themen wie das „Französische Paradoxon" – die erstaunliche Tatsache, dass es in Frankreich trotz der höheren Zahl von Rauchern und relativ fettreichem Essen weniger Herzkrankheiten und Krebsfälle und zudem eine höhere Lebenserwartung gibt – sind zahlreiche Mediziner heute der Meinung, dass die meisten gesunden Menschen, die Wein regelmäßig, aber in moderaten Mengen trinken, auch gesund bleiben.

Es ist dennoch wichtig, die Vorzüge und Wohltaten des Weingenusses nicht ohne Vorsicht zu betrachten.

Wenn Sie unsicher sind oder sich weitere Informationen dazu wünschen, wie Wein sich auf Ihre Gesundheit auswirkt, wird Ihnen Ihr Arzt gern Auskunft geben.

Es gibt nur sehr wenige Tage in meinem Leben, an denen ich keinen Wein trinke. Es ist mein Beruf, und außerdem genieße ich einige Gläser Wein zum Essen. Ich muss jedoch dazu sagen, dass ich unter der Woche selten mehr als das trinke. Betrunken bin ich von Wein eigentlich nie. Ich gebe mir Rechenschaft darüber, was ich trinke, da ich in einer Branche arbeite, in der Alkoholabhängigkeit weit verbreitet ist. In der Weinindustrie lassen sich Alkoholprobleme leicht kaschieren, und ich habe mit Menschen zusammen-gearbeitet, die stark alkoholabhängig waren. Bei einigen guten Freunden musste ich dann zusehen, wie sie zu Alkoholikern wurden. Es ist die schlimmste Form eines Berufsrisikos, die ich mir vorstellen kann.

Ich bin kein Arzt, und es ist nicht meine Aufgabe, Ihnen zu sagen, ob oder wie viel Sie trinken dürfen. Ich möchte Ihnen aber für den Fall, dass Sie unsicher sind, ein paar Hinweise geben, damit Sie sich informieren oder professionelle Hilfe einholen können. Im Endeffekt wissen aber nur Sie, was Ihnen guttut.

Die Informationen, die ich in diesem Kapitel gebe, basieren auf den Veröffentlichungen des Australian Wine Research Institute (Wine and Health Information). Diese und weitere Informationen finden Sie auf der Website www.awri.com.au. Weitere Informationen rund um Alkohol und Gesundheit finden Sie auf folgenden Internetseiten:
www.bzga.de
www.bmg.gv.at
www.bag.admin.ch

Zusatzstoffe und Konservierungsmittel
Bei der Weinbereitung werden in aller Welt, jedoch in unterschiedlichem Ausmaß, Zusatzstoffe und Konservierungsmittel verwendet. Sie unterstützen nicht nur bei der Produktion, sie schützen auch vor Sauerstoff und Bakterien, die beide die Qualität der Trauben und des fertigen Produkts erheblich beeinträchtigen können.

Zusatzstoffe werden bei der Weinbereitung verwendet, um die Gärung zu unter-stützen, um zu verhindern, dass sich im Traubensaft oder im Wein Bakterien ansiedeln, um die Säure zu korrigieren und um ungewünschte Farben, Aromen oder Gerüche zu vermeiden oder zu korrigieren. Konservierungsmittel schützen den Wein vor zu langem Sauerstoffkontakt und vor Bakterienbefall als Folge von Hefen, die sich spontan im Weinberg oder im Keller an unzureichend gereinigten Geräten bilden.

Die zwei gängigsten Konservierungsmittel bei der Weinbereitung sind Schwefeldioxid und Kaliumdisulfit (E 220/224) sowie Sorbinsäure und Kaliumsorbat (E 200/202). Zwar gibt es keinen Wein, der völlig ohne Konservierungsmittel auskommt, doch enthalten Biowein und Wein aus Biotrauben deutlich geringere Mengen an Zusatzstoffen und Konservierungsmitteln. Asthmatiker mit einer Schwefelallergie finden unten weitere Informationen.

Wein und Allergien
Allergiker sollten Wein mit Vorsicht genießen. Vor der Abfüllung wird Wein zumeist, zur Entfernung von Trubstoffen,

filtriert und/oder geschönt. Da die meisten Schönungsmittel aus Ei-, Fisch-, Milch- und Nussprodukten hergestellt werden, sollten Allergiker auf jeden Fall zunächst das Etikett auf mögliche Warnungen hin überprüfen (in Deutschland ist gegenwärtig die Verwendung von Sulfiten, Lysozym, Albumin und Casein kennzeichnungspflichtig). Bei bekannten Allergien gegen einen dieser Inhaltsstoffe birgt der Genuss von Wein ein gewisses Risiko, denn Spuren dieser Produkte könnten im Wein enthalten sein.

Studien haben jedoch gezeigt, dass bei guter Weinbereitung entweder keine Spuren von Allergenen nachzuweisen sind oder nur in Konzentrationen, die ein Hundertstel oder Tausendstel der für eine allergische Reaktion nötigen Menge ausmachen.

Auch bei Hefeallergien sollten Sie Wein ohne Beschwerden trinken können, Vorsicht ist jedoch geboten. Wein gärt zwar immer mithilfe von Hefe, doch sollte der fertige Wein nur Spuren davon enthalten. Bis jetzt haben Untersuchungen bei Allergikern keine Nachweise für lebensbedrohliche Reaktionen bei Weingenuss geliefert.

Wein und Asthma

Asthmaanfälle können durch unterschiedliche Faktoren hervorgerufen werden. Wenn sie bei Ihnen durch Schwefelverbindungen wie Schwefeldioxid entstehen, sollten Sie auf Wein verzichten. In allen anderen Fällen wird Wein höchstwahrscheinlich keinen Anfall hervorrufen. Bei bekannter Schwefelempfindlichkeit sollten Asthmatiker Wein mit einem geringeren Gehalt an Schwefeldioxid wählen. Biowein enthält zum Beispiel etwa 50 % weniger Schwefeldioxid als normal erzeugter Wein. Vermeiden Sie Wein aus Fässern oder Großpackungen (Weinschläuche), beide enthalten wahrscheinlich größere Mengen Schwefeldioxid.

Wein und Herzkrankheiten

Bei Herzproblemen sollte der Weinkonsum moderat ausfallen, vorausgesetzt, er lässt sich überhaupt mit den Medikamenten vereinbaren, die Sie einnehmen müssen. Bluthochdruckpatienten wird Wein nicht empfohlen, bei Einnahme einschlägiger Medikamente und entsprechend stabilem Blutdruck ist mäßiger Weinkonsum möglich. Wenn Sie sich nicht sicher sind, wird Sie Ihr Arzt informieren.

Wein und Zöliakie

Glutenhaltige Produkte und Zusatzstoffe sind bei der Weinerzeugung (mit der Ausnahme von Schaumwein) nicht zugelassen. Schaumwein aus Australien enthält keine glutenhaltigen Zusatzstoffe; Champagner und andere Schaumweine können jedoch Alkohol enthalten, der aus Weizen hergestellt wurde. Bei Glutenunverträglichkeit sind sie also ungeeignet.

Auch gespritete Weine und Sherrys sollten gemieden werden, da sie unter Umständen Zuckercouleur enthalten, bekannt als Zusatzstoff E 150.

Wein und Diabetes

Diabetiker, die gut eingestellt sind, können Wein in Maßen trinken, aber er sollte nur zu den Mahlzeiten genossen werden. Insbesondere bei insulin- oder medikamentenabhängigem Diabetes kann Alkohol den Blutzuckerspiegel senken (Hypoglykämie). Empfohlen wird trockener Wein oder Wein mit nur geringem Zuckergehalt, wozu die meisten Weine und Schaumweine sowie trockener Sherry gehören. Süßweine, Likörweine und gespritete Weine sollten gemieden werden. Eine individuelle Beratung erhalten Sie wie immer von Ihrem Arzt.

Wein und Schwangerschaft

In dieser überaus bedeutsamen Frage kursieren recht unterschiedliche Ansichten. So gab es vor nicht allzu langer Zeit noch Empfehlungen, dass schwangere Frauen und Frauen, die ein Kind bekommen wollen, pro Tag nicht mehr als ein Glas Wein (0,1 l) trinken sollten; andererseits fragen sich Frauen oft besorgt, ob einige wenige Gläser Wein schon schaden, die sie zu Beginn ihrer noch nicht bekannten Schwangerschaft getrunken haben.

In Deutschland ist der Alkoholkonsum der Mutter in der Schwangerschaft die häufigste Ursache für körperliche und geistige Schäden bei Kindern; jedes Jahr kommen etwa 10 000 Babys mit alkoholbedingten körperlichen oder geistigen Schäden zur Welt, und davon wieder (mindestens) ca. 2000 mit dem Fetalen Alkoholsyndrom (FAS). Diese besonders schwere Schädigung äußert sich sowohl körperlich (Wachstumsminderung, Fehlbildungen an Kopf und Gesicht sowie am Herzen, am zentralen Nervensystem und im Urogenitalbereich) wie seelisch-geistig (verminderte Erinnerungs- und Lernfähigkeit bis zum sog. Schwachsinn, Sprachfehler, aggressives Verhalten etc.); ein Großteil der Betroffenen braucht lebenslang Hilfe (www.fasworld.de).

Da keine Grenze angegeben werden kann, unterhalb derer ein Alkoholkonsum unbedenklich ist, ruft die Bundeszentrale für gesundheitliche Aufklärung (BZgA) zum vollständigen Verzicht auf Alkohol in der ganzen Schwangerschaft auf. Weil es zwei bis drei Monate dauern kann, bis eine Schwangerschaft bemerkt wird, sollte auch schon bei Kinderwunsch auf Alkohol verzichtet werden; die Empfindlichkeit des Embryos ist in den ersten drei Monaten der Schwangerschaft am größten. Weitere Informationen geben Ihr Arzt und die BZgA (www.kenn-dein-limit.de).

Individuelle Faktoren

Die Wirkung von Alkohol ist auf jeden von uns unterschiedlich. Größe, Gewicht, Gene und ethnische Zugehörigkeit bestimmen unsere Alkoholtoleranz.

Ist der Alkohol in die Blutbahn gelangt, wird er in zwei Phasen abgebaut. In der ersten wird Alkohol zu Acetaldehyd, in der zweiten das Acetaldehyd zu Acetat umgewandelt, das über die Nieren ausgeschieden werden kann (bei manchen asiatischen Volksgruppen wird genetisch bedingt das Acetaldehyd nicht zu Acetat umgewandelt, sodass sie bei Alkohol-genuss unter massiven Symptomen leiden).

Wein und die Zähne

Moderater Weinkonsum sollte Ihren Zähnen keinen Schaden zufügen, auch wenn ich (weitgehend aufgrund meines Berufs) mehr Geld zum Zahnarzt getragen habe, als mir lieb ist.

Die meisten Weine besitzen einen pH-Wert zwischen 3,0 und 3,8, sie sind also ziemlich sauer. Rotwein enthält darüber hinaus auch Anthocyane und Tannine, die je nach der getrunkenen Menge Verfärbungen der Zähne bewirken können.

Aus diesen zwei Gründen besteht bei Weinmachern und anderen Profis, die regelmäßig Wein verkosten, die Gefahr von chemischer Erosion, Verfärbung, erhöhter Empfindlichkeit und Karies sowohl an Zähnen wie auch an Füllungen. Wenn Sie also professionell in der Weinbranche tätig werden wollen, sollten Sie sich einen guten Zahnarzt und eine entsprechende Krankenversicherung suchen.

Wein und Veganer/Vegetarier

Ob Sie Wein trinken können oder nicht, wird davon bestimmt, wieweit Sie sich vegetarische Prinzipien zu eigen machen.

Zum Klären von Wein werden anorganische und organische Stoffe verwendet; zu Ersteren gehört etwa Bentonit, ein fein gemahlener Ton, zu Letzteren gehören Albumin (Hühnereiweiß), Casein (Milcheiweiß), Gelatine (aus Bindegewebe von Schwein und Rind) und Hausenblase (von Fischen). Vor dem Abfüllen werden alle Schönungsmittel entfernt und sind im fertigen Produkt nicht mehr nachweisbar. In manchen Ländern wird auf dem Etikett auf die Verwendung solcher Mittel hingewiesen (siehe auch „Wein und Allergien").

Kopfschmerzen und Kater

Viele von uns hatten schon einmal einen Kater. Alkohol wirkt sich auf verschiedene Bereiche des Körpers unterschiedlich aus. Die häufigste Folge des Alkoholkonsums ist Kopfweh, vor allem in Form pochender Schmerzen im Vorderteil des Kopfs. Sicher wissen die meisten, was ich meine.

Dies ist die Folge der Alkoholkonzentration im Blut. Mehr Alkohol im Blut bedeutet eine erhöhte Menge Acetaldehyd, wenn der Alkohol von der Leber abgebaut wird. Acetaldehyd ist ein hochkonzentrierter Giftstoff, der sehr rasch aus der Blutbahn in die Flüssigkeit des Gehirns und des Rückenmarks übergeht. Es reizt die Membran, die Gehirn und Rückenmark einhüllt, und führt zu einem pochenden Schmerz im Vorderteil des Kopfs.

Wir haben alle unser eigenes Katerrezept. Ich versuche mindestens einen Liter Wasser zu trinken, bevor ich zu Bett gehe, was zu helfen scheint. Meistens jedenfalls.

Was heißt „mäßiger" Weingenuss?

Zahlreiche Experten meinen, dass der regelmäßige moderate Genuss von Wein der Gesundheit förderlich ist, vorausgesetzt, Sie sind gesund. Aber was heißt „moderat" genau? Nach medizinischen Studien können pro Tag für Männer 2–3 Gläser Wein (das sind 30–40 g Alkohol) und für Frauen 1–2 Gläser (20–30 g Alkohol) als moderat gelten.

Dabei sind aber sowohl die Menge als auch die Häufigkeit relevant. Das heißt: Wenn Sie sechs Tage keinen Wein getrunken haben, bedeutet das nicht, dass Sie nun ein Dutzend Gläser auf einmal trinken können. Das wäre ein veritables Besäufnis, und so etwas lässt den Blutdruck eindeutig ansteigen, ebenso die Chancen für einen Herzinfarkt oder Schlaganfall.

Ein „mäßiger, aber regelmäßiger" Konsum von Wein kann das Risiko für Herz-Kreislauf-Krankheiten und die Gefahr, an diesen Krankheiten zu sterben, verringern.

Was sind Polyphenole?

Polyphenole (Anthocyane, Tannine) sind Produkte der Weinbereitung. Es sind Antioxidanzien aus den Schalen und Kernen der Trauben, die zu Farbe, Aroma und Struktur des Weins beitragen.

Da der Saft von roten Trauben während der Vinifizierung (in unterschiedlichem Ausmaß) mit den Schalen und Kernen in Kontakt bleibt, enthält Rotwein im Schnitt sechsmal mehr Polyphenole als Weißwein. Zwar wird immer noch intensiv über den gesundheitlichen Nutzen von Polyphenolen geforscht, doch nimmt man an, dass sie das Risiko für Herz-Kreislauf-Krankheiten senken können.

Was ist Resveratrol?

Resveratrol ist ein natürliches Antibiotikum, ein chemischer Stoff, der von der Rebe als Reaktion auf eine Pilzinfektion erzeugt wird. Die zahlreichen Untersuchungen sind noch nicht abgeschlossen, man geht aber davon aus, dass Resveratrol auf mehrfache Weise gesundheitlich nützlich sein kann. Unter Umständen verzögert es den Ausbruch von Krankheiten wie Parkinson, Alzheimer und anderen Formen von Demenz, außerdem verhindert es die Entwicklung von Herzfibrose, einer Krankheit, bei der sich die Pumpleistung des Herzens reduziert. Am bedeutsamsten ist Resveratrol wohl für die Vorbeugung und Reparatur von DNA-Schäden bei der Entstehung von Krebs wie auch bei der Verhinderung des Wachstums und der Ausbreitung von Krebszellen. Die Zukunft wird es weisen.

Das „Französische Paradoxon"

Im Jahr 1991 berichtete der US-amerikanische Sender CBS in seiner Magazinsendung „60 Minutes" über ein Phänomen, das heute als das Französische Paradoxon bekannt ist. Aufgrund dieser Befunde sah man sich die positiven und gesundheitsfördernden Aspekte des Weingenusses viel genauer an.

Als Französisches Paradoxon bezeichnet man die Tatsache, dass die Essgewohnheiten der Südfranzosen – mit viel Käse, Butter, Eiern, Innereien und anderen cholesterinhaltigen Nahrungsmitteln, also den Essgewohnheiten der US-Amerikaner nicht unähnlich – eigentlich die Zahl der Herzkranken ansteigen lassen müssten; tatsächlich wurde aber eine längere Lebenserwartung festgestellt.

Die deutlich geringere Zahl an Todesfällen aufgrund von Herzkrankheiten wurde mit der Tatsache verknüpft, dass Amerikaner jährlich 7,7 Liter Wein pro Person trinken, während man es in Südfrankreich auf stattliche 60 Liter pro Nase bringt.

Wein und Verkehr

Der maximal zulässige Alkoholgehalt im Blut variiert von Land zu Land. In Deutschland liegt er bei 0,5 Promille, das entspricht bei einem kräftigen Mann mittleren Alters der nicht gerade großen Menge von ca. 0,3 l Wein mit 13 % Alkoholgehalt. Wenn Sie mit irgendeinem Fahrzeug am Straßenverkehr teilnehmen wollen, liegt es in Ihrer Verantwortung, die Bestimmungen wie auch Ihre eigenen Grenzen zu kennen. Ich kann aber nur empfehlen, das Autofahren etc. einfach anderen zu überlassen, wenn Sie Wein trinken wollen.

Glossar

Abgang Was man schmeckt und fühlt, wenn man den Wein hinuntergeschluckt hat (siehe auch *Länge*).

Alkohol Produkt der *Hefe* bei der *Gärung* des Weins. Wichtig für die Haltbarkeit und die *Ausgewogenheit*. Alkohol gibt Wein einen vollen, wärmenden Charakter.

Appellation Die kontrollierte geografische Herkunftsbezeichnung eines Weins.

Aroma Die Geruchseigenschaften eines Weins, die von der Rebsorte bestimmt werden, aus der der Wein bereitet wurde.

Ausgewogenheit Zusammenspiel (Balance) von *Alkohol, Säure*, Frucht und *Tannin* in einem Wein. Ziel ist ein Gesamteindruck, bei dem alle Faktoren ihre eigene Rolle spielen und sich gegenseitig ergänzen.

Bitter Unangenehmer Geschmack im Abgang. Tritt besonders bei *oxidiertem* Wein auf.

Cuvée Französischer Begriff für einen aus mehreren Weinen verschiedener Rebsorten und/oder Jahrgänge komponierten Wein.

Depot Bodensatz in gereiftem Wein, häufig bei unfiltriertem Wein.

Edelfäule Ein Pilz (Botrytis cinerea), der die Trauben einschrumpfen lässt und den Zucker in den Trauben konzentriert. Auf diese Weise entstehen köstliche, grandiose Süßweine.

Eichenholznote Geschmack eines Weins, der in Fässern aus Eichenholz ausgebaut wurde. Eine Holznote – die von vielen sehr geschätzt wird – kann billig erzeugt werden, etwa durch den Kontakt mit Eichenholzspänen.

Ertrag Gewicht der geernteten Trauben oder die erzeugte Weinmenge pro Flächeneinheit im Weinberg.

Fassgärung Vergärung des Traubensafts im Holzfass anstatt in einem Tank (aus Stahl, Beton oder Kunststoff) oder einem offenen Bottich.

Fest Struktureigenschaft eines Weins mit viel *Tannin*. Besonders bei Rotwein.

Filtration Arbeitsgang nach der *Schönung*, um den Wein vollständig von *Hefen* und anderen Trubstoffen usw. zu befreien. Kann dem Wein etwas von seiner Aromenfülle nehmen.

Flüchtige Säure Ein Weinfehler: unausgewogene, scharfe Säure.

Füllstand Raum zwischen der Oberfläche des Weins und seinem Behältnis (Fass) bzw. Verschluss (Flasche). Mit zunehmendem Alter des Weins vergrößert sich dieser Raum.

Gärung Die Arbeit der *Hefe* im Traubensaft, bei der Zucker zu *Alkohol* (und Kohlendioxid) umgewandelt wird.

Gaumen Begriff aus dem Weinjargon für den Eindruck, den ein Wein im Mund macht.

Gewicht Rot- und Weißweine schmecken, je nach *Körper*, leichter oder schwerer.

Hefe Ein Pilz, der die *Gärung* des Weins bewirkt. Es gibt Wildhefen (z. B. auf den Traubenschalen) und Zuchthefen.

Hefesatz Satz am Boden eines Fasses, Tanks oder Behälters, bestehend aus *Hefe* und anderen festen Stoffen.

Hohl Eigenschaft eines Weins, dem es an *Ausgewogenheit*, Fülle und *Länge* fehlt.

Jahrgang Anbau- und Erntejahr der Trauben, die für einen Wein verwendet wurden.

Jahrgangsloser Wein Verschnitt mehrerer Jahrgänge, meist bei Schaumweinen.

Komplexität Eigenschaft guter Weine, die viele unterschiedliche *Aromen* und Geschmacksnoten aufweisen.

Korkgeschmack Fehler in unterschiedlich starker Ausprägung, der dem Wein einen unangenehm muffigen Geschmack gibt und ihm seine Aromen nimmt.

Körper Besitzt ein Wein, der „den Mund füllt". Dieser Eindruck entsteht durch einen hohen Gehalt an *Alkohol* und Frucht im Wein.

Länge Die Zeit, die man einen Wein nach dem Schlucken noch schmecken und fühlen kann; je länger, desto besser der Wein.

Magnum Große Flasche mit 1,5 l Inhalt, das Doppelte einer Standardflasche.

Malolaktische Gärung Findet nach der ersten *Gärung* statt. Sie wandelt die scharfe Apfelsäure in mildere Milchsäure um.

Nase Begriff aus dem Weinjargon für die Gesamtheit der Geruchseindrücke.

Oxidiert Fehler in einem Wein, der zu lange der Luft ausgesetzt war. Der Wein besitzt dann einen unangenehmen, schalen Geruch und Geschmack.

Polyphenole Chemische Verbindungen in den Schalen v. a. roter Trauben (*Tannine*, Anthocyane).

Reif Bezeichnung für einen Wein, der nach mehr oder weniger langer Lagerung einen harmonischen, *ausgewogenen* und angenehmen Eindruck erzeugt.

Restzucker Unvergorener *Zucker*, der nach der Gärung noch im Wein enthalten ist.

Rund Begriff für die *Ausgewogenheit* eines Weins: harmonisch, ohne Ecken und Kanten, füllig und mit langem Abgang.

Sauber So sollte ein Wein sein: ohne irgendwelche Spuren eines Weinfehlers und/oder schlechtem Aroma oder Geschmack.

Säure Macht den Wein ausgewogen und gibt ihm einen frischen, lebendigen Charakter. Auch wichtig als natürlicher Konservierungsstoff.

Schönung Klärung des Weins mithilfe von organischen (z. B. Eiweiß) oder anorganischen (z. B. Bentonit) Substanzen, die unerwünschte Stoffe aus dem Wein entfernen.

Sommelier Weinkellner in einem Restaurant.

Sortenrein Wein, der nur aus einer Rebsorte gekeltert wurde.

Struktur Begriff für das „Gerüst" eines Weins, das sich v. a. aus Geschmacksstoffen, *Alkohol* und Gerbstoffen zusammensetzt. Wichtig für die Alterungsfähigkeit eines Weins.

Tannine *Polyphenole* v. a. in Rotweinen, die mit zunehmendem Alter eines Weins abgebaut werden. Sie geben dem Wein einen adstringierenden, herben, festen Charakter.

Terroir Französischer Begriff für den Charakter eines Weins, den er durch die natürliche Umwelt der Region erhält, in der er erzeugt wurde.

Trinkreif Weine brauchen unterschiedliche Zeiten der *Reifung*, um ein zufriedenstellendes Geschmackserlebnis zu bieten.

Trocken Ein Wein, der (weitgehend) vollständig vergoren ist, sodass er (fast) keinen *Restzucker* mehr enthält.

Vinifikation Die Gesamtheit der Maßnahmen im Weinkeller, die aus Trauben den fertigen Wein entstehen lassen.

Weinbau Die Gesamtheit der Tätigkeiten im Weinberg: Anbau und Erziehung der Reben, Pflege der Rebflächen (z. B. Düngung).

Zucker Natürlich vorkommende Substanz in Trauben, die zu *Alkohol* vergoren wird. Im Wein verbleibender Zucker heißt *Restzucker*.

Register

Dank

Dieses Buch wäre niemals zustande gekommen ohne die Unterstützung, Großzügigkeit, Liebe, das Blut, den Schweiß – und in manchen Fällen auch die Tränen – folgender Menschen.

Ich beginne mit Chris Terry, Matt Utber und ihren Teams; Jade, Lisa und dem ganzen Team bei The Plant sowie Danny Tracy bei Chris Terry Photography.

Meiner erweiterten Familie bei Mitchell Beazley (London); Alison Gough, David Lamb, Becca Spry, Hilary Lumsden, Georgina Atsiaris, Yasla Williams-Leedham, Tim Foster sowie Louise Sherwin-Stark und Kate Taperell bei Hachette Australien.

Mein Dank allen, die mehr gaben als nur ihre Zeit: der wunderbaren Familie Planeta (Palermo/Sizilien), Phil Sexton und Giant Steps (Healesville/Australien), Christie's (London), Majestic, David Gleave MW, Philip Rich und The Prince Hotel (Melbourne).

Meinem Team: Debbie Catchpole und Verity O'Brian bei Fresh Partners, Lisa Sullivan bei One Management.

Meiner „Großfamilie": Fifteen Group (London, Cornwall, Amsterdam, Melbourne), Jonathan Downey und Match Group (London, Ibiza, New York, Chamonix, Melbourne), Frank van Haandel,

Roger Fowler und Trevor Eastment bei XYZ Networks.

Und last but not least den Menschen hinter den Kulissen: Mum, Drew, Caroline, Jessie, Eve, Anne, Thommo, Gin, Camilla & Felix, Tobe, George, Randy, Pip, Gyros, BP, CC & GG, Jamie & Jools, Danny McCubbin, Stuart Gregor, Cam Mackenzie, Andy Frost sowie den Jones-, Cooper-Terry- und Utber-Clans.

Ganz, ganz herzlichen Dank, Mx.